Gerhard Schober
Heimat an der Würm

Hans Kölbl (1886 – 1980), „Gauting, alte Würmbrücke". Aquarell, 1937.

Gerhard Schober

Heimat an der Würm

Mit Beiträgen von

Karin von Seydlitz-Kurzbach

Oreos Verlag

Umschlagbild Vorderseite: Leo Putz (1869 – 1940),
„Gauting", 1939. Öl auf Leinwand, 72 x 112 cm.
Besitz der Gemeinde Gauting.

Buchgestaltung: Gerhard Schober
Reproduktionen: Medienstudio H. P. Steininger, Herrsching
Druck und Bindung: Ludwig Auer GmbH, Donauwörth
Printed in Germany
ISBN 3-923657-72-2

Inhaltsverzeichnis

Vorwort

Wer sie mit offenen Augen wahrnimmt und erlebt, dem wird sie geschenkt. Wer sie kennt und sich ihr zuwendet, dem wird sie zum Besitz. Wer sie besitzt, der kann sie eigentlich nicht mehr verlieren, auch wenn sie ihm vielleicht einmal tatsächlich genommen wird.

Vielleicht hast du schon bemerkt, was damit gemeint ist: Die Heimat! Sie gehört zu unserem Leben wie unsere Familie, wie unsere Freunde. Leider gibt es immer wieder Menschen, denen das Schicksal nie eine echte Heimat geschenkt hat. Es gibt sicher auch solche, die sagen: "Meine Heimat ist überall! Ich finde sie immer dort, wo ich mich wohlfühle." Die allermeisten Menschen jedoch brauchen eine Heimat. Sie brauchen eine Wurzel, die sie festhält. Fast immer ist es der Ort, an dem man geboren wurde, die Landschaft, in der man aufgewachsen ist. Es sind die glücklichen Erinnerungen an die Kindheit und die Jugendzeit. Die ersten Erfahrungen, die man mit der Welt gemacht hat. Wo man daheim ist, wo man sich auskennt.

Oft spüren die Menschen gar nicht bewusst, wie stark ihre Bindung an die Heimat ist . Erst wenn irgendwelche Umstände einen zwingen fortzugehen, erlebt man sie schmerzlich. Jeder hat umgekehrt auch schon das Glücksgefühl verspürt, wenn man nach längerer Zeit wieder nach Hause kommt. Was mag einer fühlen, der vor vielen Jahren nach Amerika ausgewandert ist und dort einmal im Fernsehen einen Film über München, den Starnberger See oder die bayerischen Berge sieht? Frage einmal Leute, die nach dem letzten Krieg aus ihrer Heimat in Schlesien oder dem Sudetenland vertrieben worden sind! Sie wissen, was Heimat ist.

Damit dir die Heimat zum unverlierbaren Besitz wird, musst du sie erst richtig kennen lernen. Je mehr du am Ende über sie weißt, je mehr du sie in ihrem Reichtum erlebt hast, desto fester wird deine Verbundenheit mit ihr. Und je stärker diese Wurzeln werden, desto fester kannst du darauf bauen. Nur wer seine Herkunft, seine Vergangenheit und seine Heimat kennt, kann die Zukunft meistern.

Dafür, dass auch dir dein Schulort, das Würmtal und das Fünf-Seen-Land zur echten Heimat werden, wurde dieses Buch geschrieben.

Der Landkreis Starnberg
Ausschnitt aus einer Schul-Wandkarte

Schöngeising
Holzkirchen
Unter-Pfaffenhofen
Gilching
Wildenroth
Unter-Alting
Zankenhausen
Argelsried
Stockdorf
Etterschlag
Eching
Inning
Weßling
Ober-Pfaffenhofen
Unter-Brunn
Gauting
Steinebach
Wörth-See
Unter-Schondorf
Buch
Meiling
Hochstadt
Ober-Brunn
Buchendorf
Hechendorf
Ob-Alting
Seefeld
Breitbrunn
Pilsen-See
Unering
Leutstetten
Drößling
Hanfeld
Hadorf
Widdersberg
Wangen
STARNBERG
Frieding
Perchting
Söcking
Herrsching
Ammer-See
Maising
Erling-Andechs
Pöcking
Aschering
Berg
Bachhsn.
Dießen
Machtlfing
Feldafing
Traubing
Höhenrain
Dorfen
WOLFRATS-HAUSEN
Starn-berger (Würm-) See
Tutzing
Pähl
Münsing
Holzhausen
Degerndorf
Wielenbach
Haunshofen
Bernried

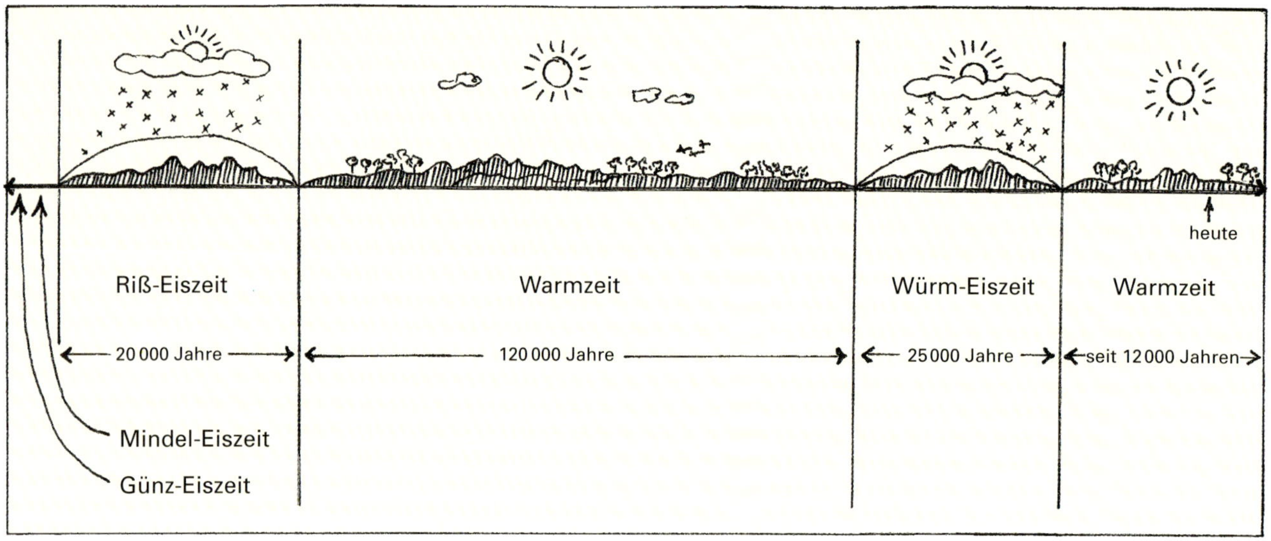

Folge der verschiedenen Eiszeiten und der Warmzeiten (Zwischen-Eiszeiten)

Wie unsere Landschaft entstanden ist

1 Die schöne, abwechslungsreiche Landschaft des Fünf-Seen-Landes verdanken wir den letzten beiden Eiszeiten. Die Forscher unterscheiden mehrere Eiszeiten. Die wichtigsten vier sind nach Flüssen des Alpenvorlandes benannt: Günz-, Mindel-, Riß- und Würm-Eiszeit. Zwischen diesen Kältezeiten lagen längere Abschnitte mit warmem Klima.

2 Gegen Ende einer solchen Zwischeneiszeit wurde es allmählich immer kälter, bis schließlich alle Niederschläge (wie heute im Winter) die Erde nur noch in Form von Schnee erreichten. Weil der Boden fast ständig gefroren war, konnten die meisten Pflanzen nicht mehr wachsen. Viele Tierarten wanderten in wärmere Gegenden. Unter dem riesigen Eigengewicht wurden die Schneemassen langsam zu Eis gepresst. Dabei wuchs über die Alpenkette langsam eine Eisschicht mit einer Mächtigkeit von über 1000 Metern. Nur die höchsten Gipfel ragten am Ende noch aus dem Eis.

3 Als es nach Jahrtausenden allmählich wieder wärmer wurde, wurden die Eismassen weicher und bewegten sich unter dem hohen Druck langsam in das Alpenvorland hinaus. Dabei radierten die gewaltigen Gletscher die bestehende Landschaft der Riß-Eiszeit einfach weg. An ihrer Spitze schoben sie riesige Kiesmassen vor sich her und wölbten sie zu hohen Moränenwällen auf. Ungeheuere Schmelzwasser schwemmten diese Kiesmassen wieder weg und luden sie an anderer Stelle ab. Als die Schubkraft des Eises zu Ende ging, blieben die Gletscherzungen stecken und bildeten tiefe Schmelzwasserbecken, unsere heutigen Seen.

Abfließende Wassermassen rissen Lücken in 4
die Moränenketten (bei Mühltal) und schwemmten Täler aus der vor ihnen liegenden Schotterfläche, der sog. Münchner Schotterebene. So entstanden unsere Flusstäler.

Im Mühltal, ganz besonders bei der Reismühle 5
und im Grubmühler Feld kann man das so gut beobachten wie nirgendwo sonst. Die „Würm-Eiszeit“ hat darum sogar ihren Namen bekommen!

Die Würm hat natürlich immer wieder ihr Fluss- 6
bett auf dem Talboden geändert. Die vielen Mulden, die sie dabei hinterlassen hat, sind leider nur noch an wenigen Stellen zu beobachten. Die

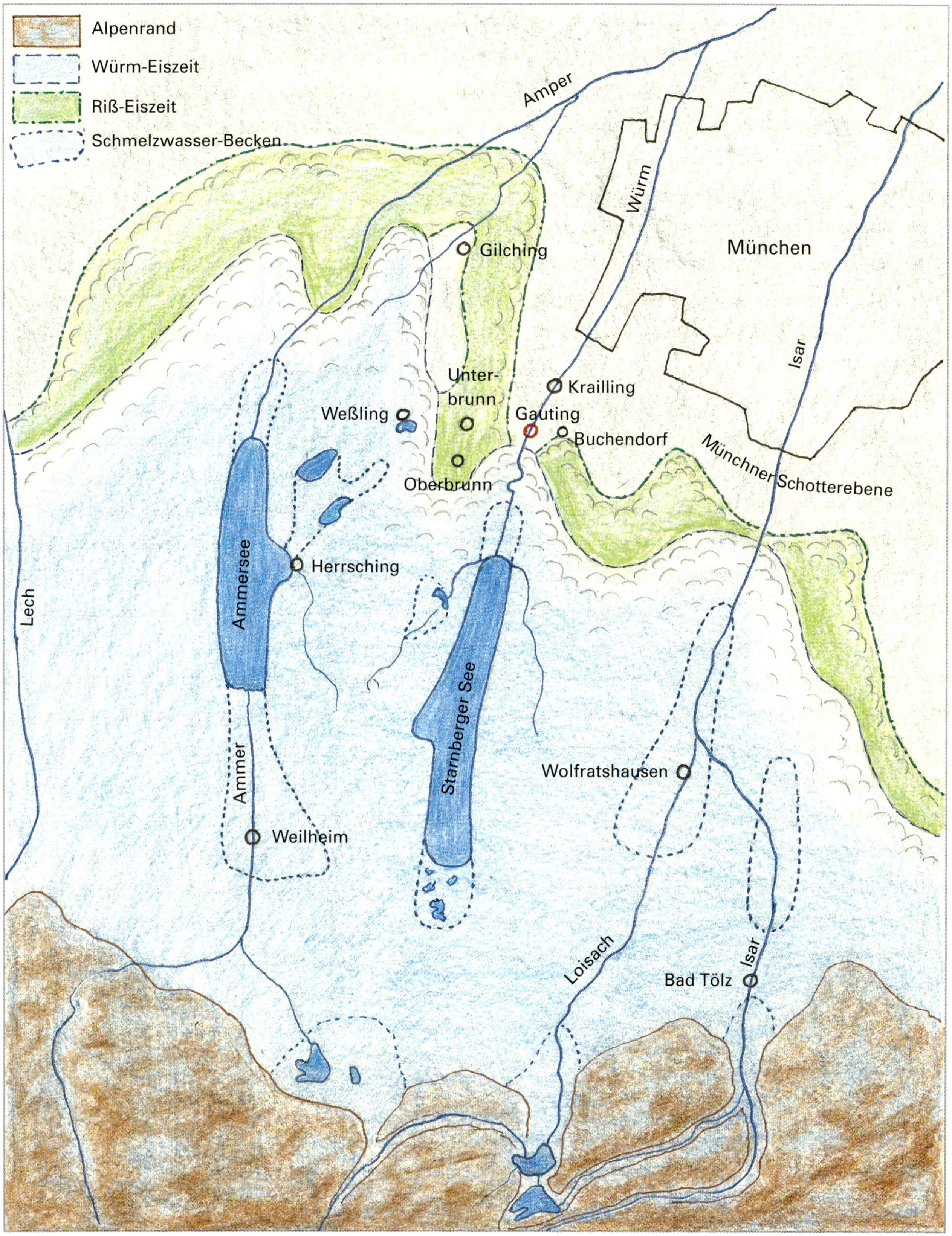
Alpenrand
Würm-Eiszeit
Riß-Eiszeit
Schmelzwasser-Becken
Amper
Würm
München
Isar
Gilching
Unter-
brunn
Krailling
Weßling
Gauting
Buchendorf
Oberbrunn
Münchner Schotterebene
Herrsching
Ammersee
Lech
Starnberger See
Ammer
Wolfratshausen
Weilheim
Loisach
Isar
Bad Tölz

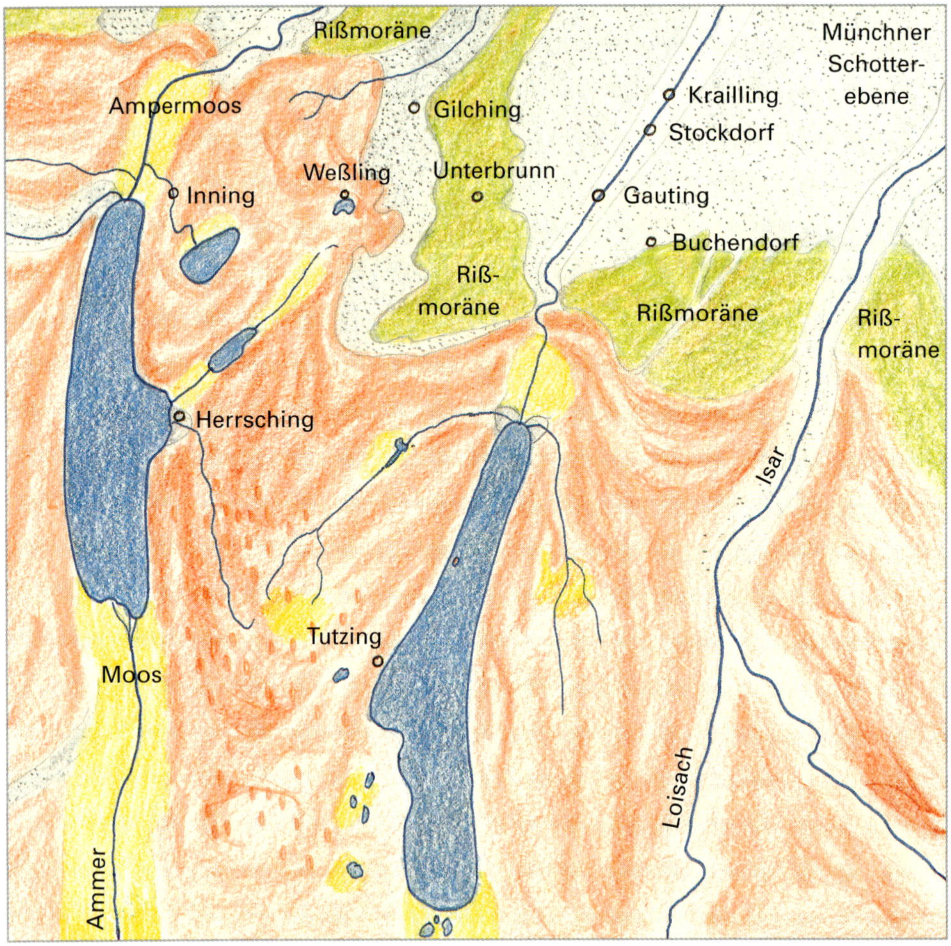

Die Landschaft zwischen Ammersee und Starnberger See. Wie die Eiszeiten sie geformt haben

meisten sind im Laufe der letzten Jahrzehnte aufgefüllt worden.

7 Dort, wo Wasser am Abfließen gehindert wurde, sind im Laufe der Jahrtausende Moore entstanden, zum Beispiel das Leutstettener Moos, das Görbelmoos bei Gilching, das Ampermoos nördlich des Ammersees oder die Moose um den Maisinger See oder den Pilsensee.

8 Von der Landschaft der vorhergehenden Riß-Eiszeit ist nicht mehr viel übrig geblieben. Nur noch südlich von Buchendorf und in einem langen Streifen von Oberbrunn – Unterbrunn – Argelsried bis hinüber nach Fürstenfeldbruck sind flache Hügel in den Schmelzwasserströmen der Würm-Eiszeit stehen geblieben. Sie zeichnen sich durch besonders gute, fruchtbare Böden aus.

① Es gibt auf unserer Erde Zonen, in denen noch Eiszeit herrscht! Erkundige dich!

② Manchmal wurden tiefere Kiesschichten durch einsickerndes Kalkwasser zu einer Art „Naturbeton" verbacken. Diese Schichten nennt man „Nagelfluh". An der Straße zwischen dem Bahnhof Mühltal und der Würmbrücke sowie in der Maisinger Schlucht kannst du das gut sehen.

③ Oft haben die Gletscher auf ihrem Rücken große Felsbrocken bis zu uns getragen. Man nennt sie „Findlinge". Einen schönen großen Findling kannst du östlich des Schlosses Kempfenhausen, 100 Meter oberhalb des Gasthauses „Manthal", sehen.

④ In Kiesgruben kann man gut die mächtigen Kiesschichten beobachten und verschiedene Gesteinssorten aus den Alpen finden. Vorsicht: Kanten und Wände von Kiesgruben sind lebensgefährlich! Gehe nur in Begleitung eines Erwachsenen dorthin!

⑤ Bei der Reismühle kannst du noch alte Flussschleifen (Flutmulden, Kolke genannt) sehen.

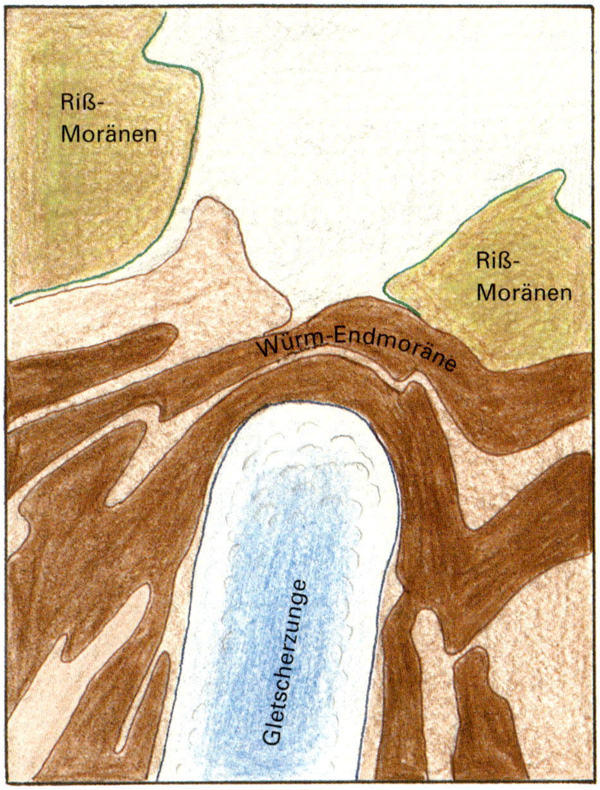

Das Seebecken und die Moränenwälle

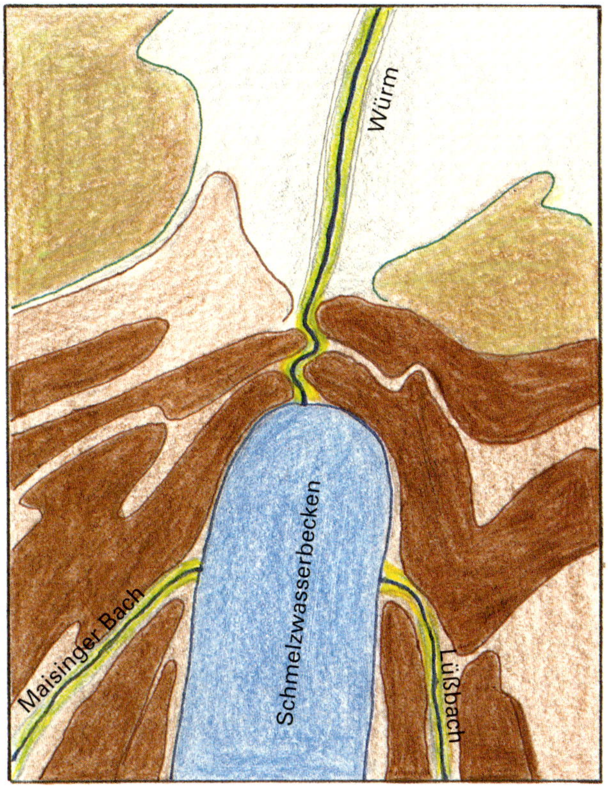

Die Würm bricht durch die Moränenwälle

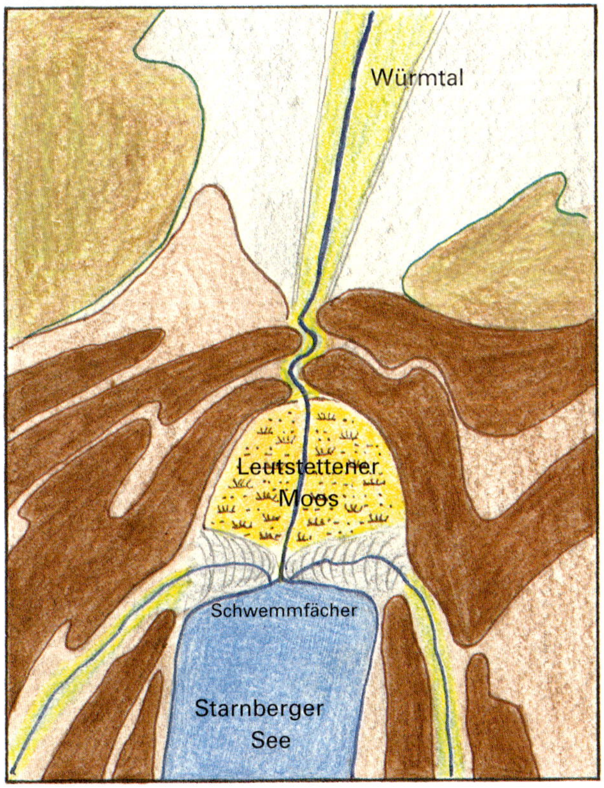

Maisinger Bach und Lüßbach schnüren den See ab

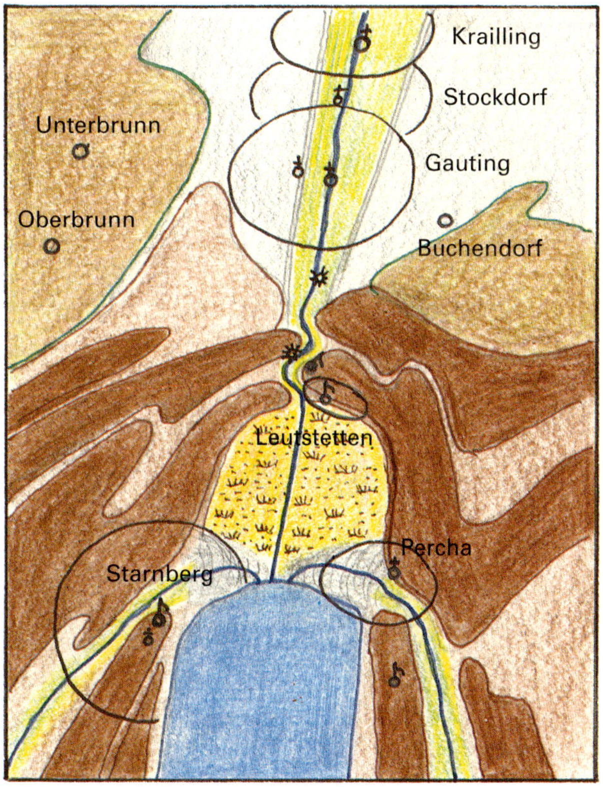

Das Würmtal und das Leutstettener Moos entstehen

Die Steinzeit in unserer Heimat

1 Als die letzten Gletscher der Würm-Eiszeit weitgehend abgeschmolzen und die Schmelzwasser abgeflossen waren, kehrte langsam wieder Leben in unsere Gegend zurück. Es dauerte jedoch noch viele Jahrhunderte, bis sich in der völlig veränderten Landschaft wieder eine dichte, artenreiche Tier- und Pflanzenwelt entwickelte.

2 Dennoch lebten hier für lange Zeit noch keine Menschen. Sie siedelten zuerst in den wärmeren Niederungen des Donau- und des Altmühltales. Sie durchstreiften die Gegend und sammelten Früchte, Pilze und essbare Wurzeln. Mit ihren einfachen Jagdwaffen und mit Fallgruben versuchten sie, Wild zu erlegen. Oft hatten sie dabei nur bei alten und schwachen Tieren Erfolg. Es war ein unglaublich hartes Leben, und man nimmt an, dass die Menschen damals auch kaum älter als 30 bis 35 Jahre wurden.

3 Im Laufe der Jahrhunderte verbesserten die Menschen ihre Geräte und Waffen, so dass sie sich immer mehr zu geschickten und erfolgreichen Jägern und Fischern entwickelten. Sie lernten, alle genießbaren Früchte zu unterscheiden und zu nutzen. Sie konnten inzwischen auch recht gut mit dem Feuer umgehen. Das versetzte sie in die Lage, ihre Speisen abwechslungsreicher zu gestalten. Sie wussten auch schon um die natürlichen Heilkräfte vieler Pflanzen.

Sie hatten inzwischen vor allem etwas ganz Entscheidendes gelernt: Nämlich, wie man eine einfache Hütte mit einem schützenden Laubdach baut. Jetzt konnten sie in Landschaften vordringen, die fruchtbarer waren und in denen es wildreiche Wälder gab. Das war in ihrer Entwicklung ein gewaltiger Schritt voran. 4

Nach und nach lernten die Menschen, wilde Tiere einzufangen, zu zähmen und in einer Herde zu halten. Allmählich wurden diese zu den ersten Haustieren. Daneben lernten sie, Getreide zu säen und Ackerbau zu betreiben. Mit diesem Können wurden sie schließlich zu Bauern und Viehzüchtern. 5

Gleichzeitig entwickelten sie ihre Geräte weiter. 6
Sie hatten aus Holz, Knochen und Feuerstein (Silex) bisher schon recht brauchbare Gegenstände gefertigt. Nun aber lernten sie, sehr viel härteres Gestein zu schleifen und zu bohren. Damit konnte man dauerhafte und schlagkräftige

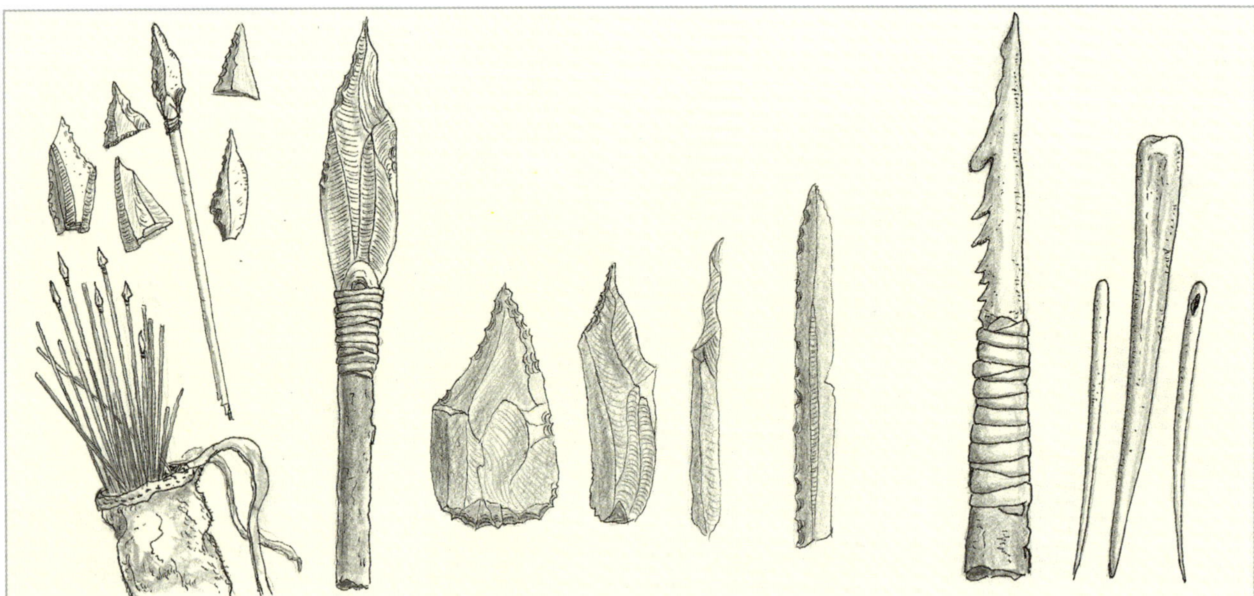

Steinzeitliche Geräte: Pfeilspitzen, Speer, Bohrer, Klingen. Harpune und Nadeln aus Bein

Jungsteinzeitlicher Ackerbau und verschiedene Hausformen

Beile, scharfe Messer und gute Pfeilspitzen herstellen. Sie entdeckten auch, wie man Erntevorräte, Saatgut und Speisen in Körben und gebrannten Tongefäßen aufbewahren kann. Kleine Mahlsteine halfen den Frauen, das Korn zu Mehl zu verarbeiten. Sie lernten, Wolle zu spinnen und mit dem Webstuhl leichte und schöne Stoffe herzustellen.

7 Die Menschen verbesserten vor allem immer wieder ihr Haus. Es bekam Wände aus Flechtwerk und Lehm, später sogar welche aus Balken. Das schützte Mensch und Tier gegen den Wind und gegen die Kälte des Winters. Ein stabiles, wasserdichtes Strohdach wehrte den Regen ab. Ein aus Steinen gebauter, offener Herd spendete Wärme und Licht.

8 Jetzt regte sich auch das Bedürfnis, die neuen Gegenstände besonders schön zu formen und zu schmücken. Ein starker und sehr menschlicher Sinn für Schönheit wird hier sichtbar! Wir befinden uns jetzt in der Jungsteinzeit. Neolithikum sagt der Fachmann dazu.

9 Seit die Menschen ihre ersten Wohnstätten im Donauraum verlassen hatten, drangen sie langsam immer weiter nach Süden vor. Dabei folgten sie vor allem den Flüssen, dem Lech zum Beispiel oder der Isar, später auch der Amper und der Würm. Es dauerte freilich viele Jahrhunderte, bis sie auch unsere Landschaft des oberen Würmtals und des Fünf-Seen-Landes erreichten. Das dürfte etwa um 4000 v. Chr. gewesen sein. Unsere Landschaft war damals vermutlich mit lichten Laubwäldern bedeckt. Dazwischen lagen Moore und Feuchtgebiete. Lichtungen, die sich leicht roden ließen, luden vielleicht die ersten Siedler ein, sich niederzulassen.

Wenn der Boden erschöpft war und die Ernten 10
geringer wurden, mussten sich die Steinzeitleute neue Wohnplätze suchen. Durch diesen häufigen Wechsel ist es heute auch nur selten möglich, einen länger genutzten Wohnplatz noch festzustellen. Die Holzhütten haben ja meist nur sehr geringe Spuren hinterlassen.

Nur auf der Roseninsel im Starnberger See hat 11
man 1854 beim Bau des Inselschlösschens Spuren der Jungsteinzeit aufdecken können. Sie haben gezeigt, dass sie um diese Zeit schon bewohnt war. Man hat damals und bei späteren Grabungen viele aufschlussreiche Funde gemacht: Eine schöne Lanzenspitze, Messer, Pfeilspitzen aus Feuerstein; geschliffene Stein-

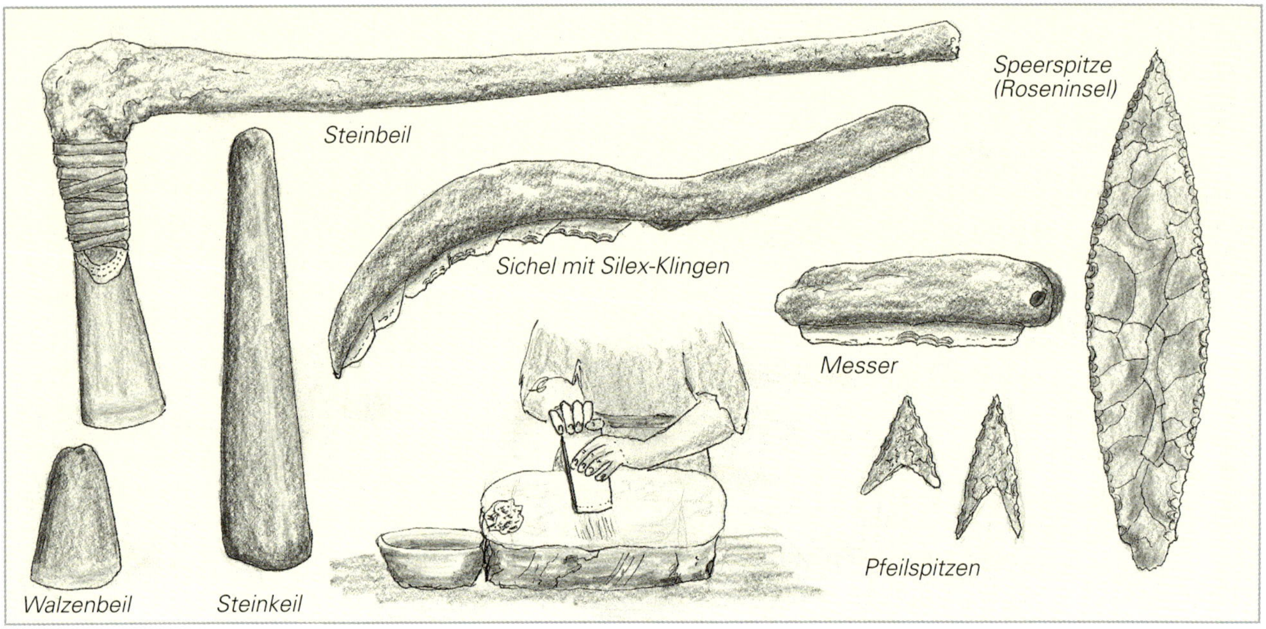

Steinzeitliche Arbeitsgeräte und Jagdwaffen

beile und Steinmeißel; Beilgriffe und Stichwaffen aus Hirschhorn; Zierscheiben (Schmuckstücke) aus Horn; viele Bruchstücke von Tongefäßen. Auch Fischerboote hat man dort schon gebaut. Das waren sogenannte Einbäume, also Boote, die aus einem einzigen, langen Eichenstamm herausgehauen wurden. Noch weit bis in das 19. Jahrhundert hinein waren an unseren Seen solche Einbäume im Gebrauch!

12 Vor einigen Jahren entdeckten Taucher bei Kempfenhausen eine kleine, heute vom See überflutete Insel. Man konnte hier einen Wohnplatz der Jungsteinzeit aufdecken. Die Untersuchung gut erhaltener Holzpfähle ergab, dass sie um 3700 v. Chr. in den Boden gerammt worden waren. Man fand auch verschiedene Gebrauchsgegenstände, vor allem Scherben von großen Tongefäßen. Der bedeutendste Fund war ein Flachbeil aus Kupfer, in der Form eines Steinbeils gegossen. Es zeigt, dass die kleine Insel in der Übergangszeit vom Neolithicum zur Bronzezeit bewohnt war. Auch der Gletschermann aus dem Schnalstal (Südtirol), der „Ötzi“, hatte ein

Steingeräte der Jungsteinzeit: Flachbeil (Buchendorf), Dolch (Hausen), Pfeilspitze (Königswiesen)

Steinbeil im Hirschhorngriff (Roseninsel)

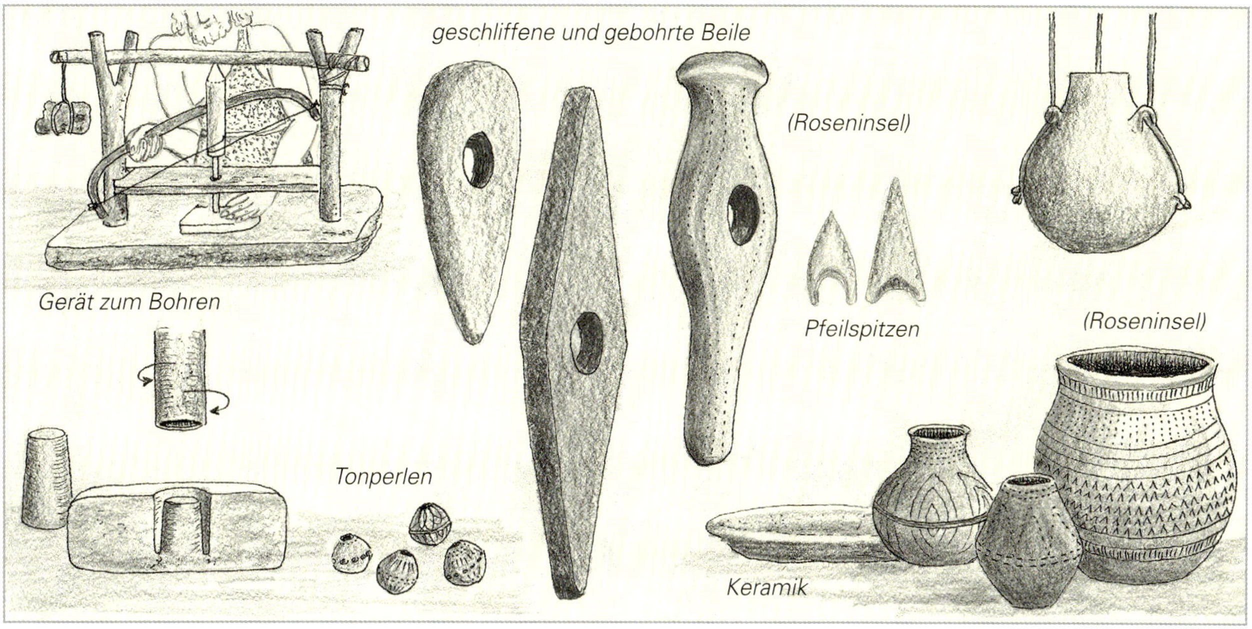

Steingeräte und Keramik aus der späten Jungsteinzeit

solches Kupferbeil dabei. Wissenschaftliche Untersuchungen haben ergeben, dass er um 3200 v. Chr. gelebt hat!

13 Bohrungen und Bodenuntersuchungen im Leutstettener Moos haben den Beweis erbracht, dass hier schon vor 6000 Jahren Menschen Getreide angebaut haben. Es muss also damals in unserer Gegend schon Ackerbauern gegeben haben.

① Suche auf einer Landkreiskarte die Roseninsel im Starnberger See!

② In der Archäologischen Staatssammlung in München findest du reiches Material zu dieser Zeit. Du kannst dort auch Gegenstände entdecken, die man im Landkreis Starnberg gefunden hat!

③ Hütten zu bauen war ein gewaltiger Fortschritt. Überlege, was dazu erforderlich war! Denke auch an das Feuer, das man zum Leben brauchte!

④ Die Menschen der Jungsteinzeit haben nicht mehr mit dem Stock zwischen den Handflächen oder gar mit dem Feuerstein (schwefelhaltiger Pyrit) Feuer gemacht. Sie hatten dafür ein Gerät, das genau so funktionierte wie der Steinbohrer. Erkläre!

Steinwerkzeuge, gefunden auf der Roseninsel

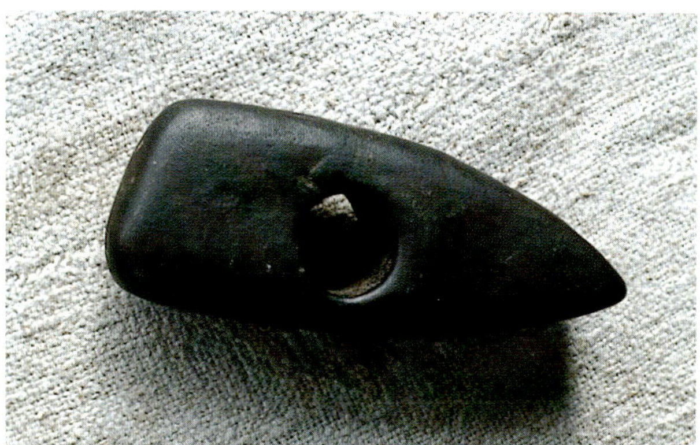

Gebohrtes Steinbeil (Landkreis Starnberg)

Frauen und Männer (mit ihren Jagdwaffen) der Bronze- und Hallstattzeit

Die Bronze- und Hallstattzeit

1 Am Ende der Jungsteinzeit gelang den Menschen eine Entdeckung, die ungeahnte Folgen hatte: Sie fanden an bestimmten Plätzen im Gebirge einen neuen Werkstoff, das Kupfer. Bald lernten sie, es zu schmelzen und damit einfache Werkzeuge zu gießen. Erst in feinem Sand, dann in Gussformen aus Stein oder Bronze. Zunächst formten sie dabei ihre Steingeräte nach. Doch nach und nach lernten sie, geeignetere Formen für ihre Werkzeuge und Schmuckstücke zu entwickeln.

2 Das Kupferbeil, das man aus der unter Wasser liegenden Insel vor Kempfenhausen bergen konnte, ist einer der seltenen Belege dafür. Man hat noch nicht viele derartige Beile gefunden, weil man sie damals alle für die Herstellung von Bronze wieder eingeschmolzen hat. Die Menschen hatten nämlich inzwischen entdeckt, dass man aus einer Mischung (Legierung) von etwa 1 Teil Zinn und 9 Teilen Kupfer die wesentlich härtere Bronze herstellen kann. Die kleine Siedlung bei Kempfenhausen gehörte demnach in die Übergangszeit zwischen Jungsteinzeit und früher Bronzezeit.

Da bisher in unserer Gegend keine weiteren 3
Funde aus der frühen Bronzezeit gemacht wurden, muss man wohl davon ausgehen, dass das Würmtal, vielleicht auch das ganze Fünf-Seen-Land in dieser Zeit nur ganz dünn oder gar nicht besiedelt waren. Erst die mittlere Bronzezeit, die Hügelgräber-Bronzezeit hinterließ uns Hinweise auf eine dichtere Besiedlung.

In dieser Zeit gingen die Menschen in unserer 4
Gegend dazu über, ihre Verstorbenen durch die Anlage eines riesigen Grabhügels über dem Sarg zu ehren. Vielleicht hat man auch nur sehr wichtige Leute aus der Oberschicht in diesen Hügeln beerdigt.

Man brachte den Toten in feierlichem Geleit zu 5
einem vorbereiteten Platz in der Nähe der bestehenden Hügelgräber. Dann wurde über den Sarg eine schützende Steinpackung gewölbt. Außen herum trennte ein Ring aus großen Steinen die Welt der Toten von der Welt der Lebenden. Damit sollten auch die bösen Geister, welche die Totenruhe hätten stören können, abgewehrt werden. Zuletzt wurde darüber ein Erdhügel mit einem Durchmesser von 5 bis 10 Metern und einer Höhe von 1 bis 2 Metern errichtet.

Totenfeier im Hügelgräber-Friedhof

Anschließend wurden zu Ehren der Toten Tieropfer (Eber, Schafe) dargebracht.

6 In unseren Wäldern sind diese Hügel noch gut erhalten. Leider hat man im vorigen Jahrhundert die meisten von ihnen aufgegraben, um die Beigaben herauszuholen. Den Männern hatte man nämlich ihre Waffen, den Frauen ihren Schmuck ins Grab gelegt, damit sie von den Ahnen im Jenseits ehrenhaft empfangen werden konnten. Auch Speisen für die Reise ins Totenreich hat man ihnen in schönen Keramikschüsseln mitgegeben.

7 Die Hügelgräber-Friedhöfe im Umkreis von Gauting stammen aus der mittleren sowie der späten Bronzezeit (Hallstattzeit). Sie befinden sich beim Bahnhof Mühltal (einst über 40 Hügel), beim Bahnhof Stockdorf (im sog. Angerholz, 21 Hügel), östlich von Stockdorf (12 Hügel), bei Forst Kasten (9 Hügel) und bei der Reismühle (11 Hügel).

In einem der nördlich gelegenen Grabhügel in Mühltal fand man bei einer Grabung 1891 eine besonders reiche Ausstattung. Sie gehörte einer offenbar sehr hochstehenden Frau (Adelige oder Priesterin?). Die Tote war durch einen ungewöhnlich reichen Schmuck ausgezeichnet: Halskette, Armbänder, Zierscheibe, Gewandnadeln, ein mit zahlreichen Bronzeknöpfen besetzter Rock sowie ein ringförmiges Schmuckstück, das man als Würdezeichen gedeutet hat. 8

Die zu den Friedhöfen der mittleren Bronzezeit gehörigen Siedlungen hat man bisher noch nicht entdeckt. Vermutlich lagen sie auf geschützten Anhöhen in der Nähe der Würmufer. Die Bewohner waren sicher noch auf frisches, fließendes Wasser angewiesen. 9

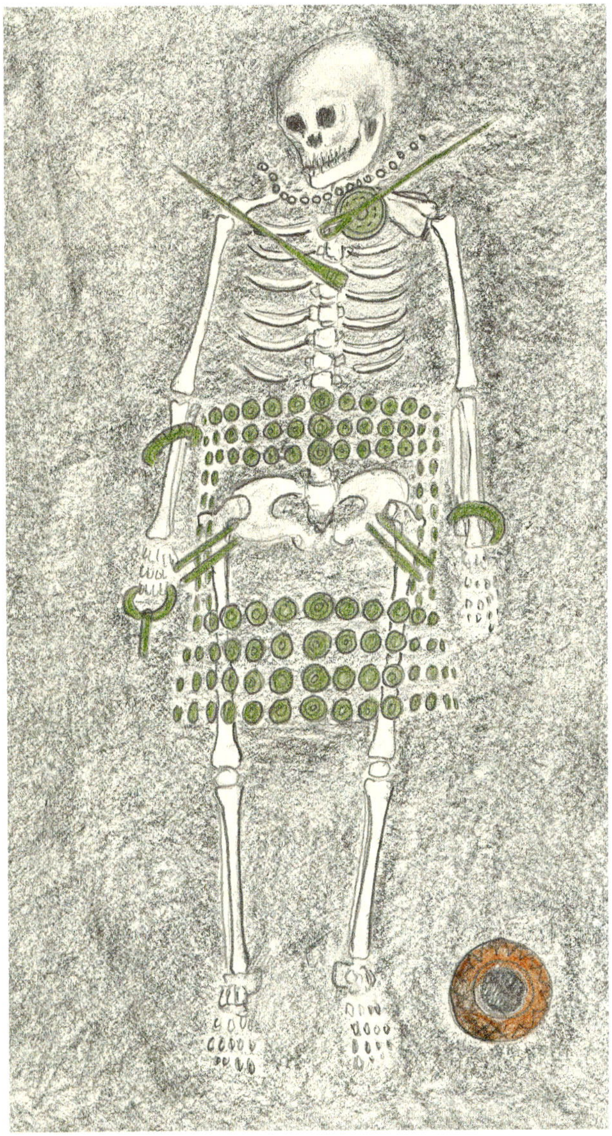

Adelige oder Priesterin aus dem nördlichsten Hügelgrab beim Bahnhof Mühltal

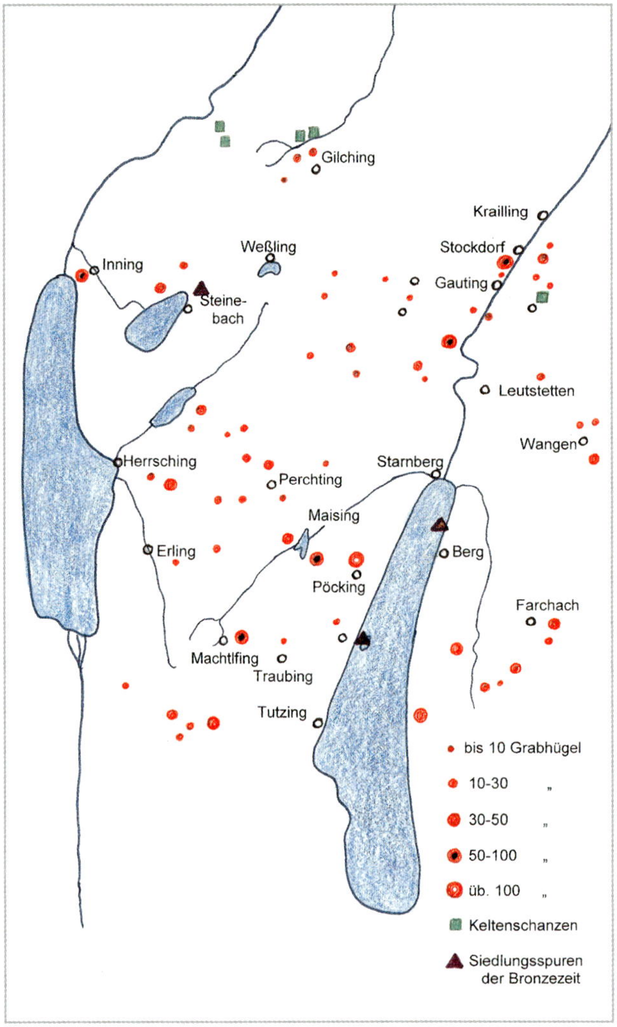

Hügelgräber der Bronze- und Hallstattzeit im Fünf-Seen-Land

Kupferbeil aus der frühesten Bronzezeit (Kempfenhausen)

Hügelgrab beim Bahnhof Mühltal

Bronzezeitliche Armreifen und Nadel (Landkreis Starnberg)

Bronzekessel aus einem Hügelgrab bei Grubmühl

10 Weil Bronze nach dem Guss wie Gold glänzte, war natürlich ein ideales Material für wunderschöne Schmuckstücke gefunden. Die Frauen der Bronzezeit konnten gar nicht genug bekommen von strahlenden Ketten, Fibeln, Armreifen, Gewandnadeln und Knöpfen. Wenn der Händler Schmuck nach der neuesten Mode mitbrachte, wurde schnell Altes gegen Neues getauscht. Aber auch Gefäße wie Kannen, Tassen, Kessel und Vorratsbehälter ließen sich daraus herstellen. Und vor allem dauerhafte und wirksame Arbeitsgeräte wie Beile, Sägen, Messer und Bohrer. Natürlich auch Waffen wie Lanzen, Dolche und Schwerter. Dabei wurden die Geräte ständig verbessert, bis schließlich die ideale Form gefunden war.

11 Ein Teil der Grabhügel bei Mühltal und Stockdorf wurde erst in der Spätbronzezeit (ca. 1200 bis 750 v. Chr.) und in der anschließenden Hallstattzeit (bis 500 v. Chr.) angelegt. Hier fand man dann bereits die ersten Dinge aus einem neuen, noch besseren Material, dem Eisen. Es hat sicher Jahrhunderte gedauert, bis die Menschen lernten, Eisen durch Bergbau zu fördern und anschließend zu verarbeiten. In einem Hügel bei Stockdorf hat man im Grab eines Mannes (Anführer?) ein Eisenschwert, ein eisernes Messer und Teile eines Pferdegeschirrs aus Eisen gefunden.

Im Siedlungsraum Gauting wurden durch glück- 12
liche Zufälle zwei kleine Siedlungsplätze aus dieser späten Bronzezeit entdeckt. Einer an der Reismühler Straße und einer oben an der Hangkante im Bereich der Schrimpfstraße. Hier fand man zahlreiche Pfostenspuren von Hausbauten, eine 1,30 m tiefe Abfallgrube mit Knochenresten der wichtigsten Haustiere dieser Zeit (Rind, Schaf,

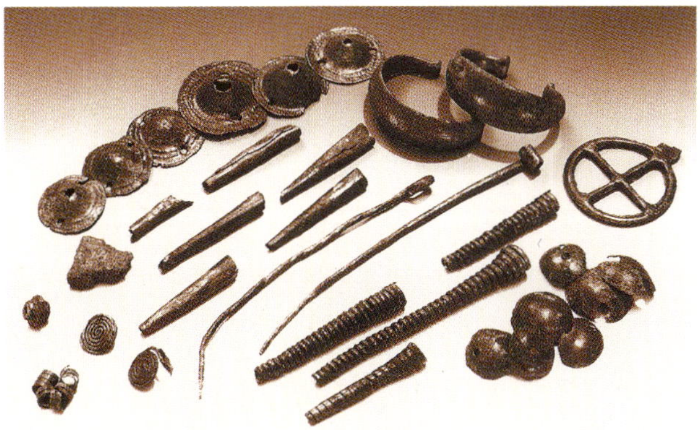

Schmuck einer vornehmen Frau aus einem Grabhügel in Mühltal

Pferdegeschirr aus einem hallstattzeitlichen Hügelgrab im Stockdorfer Angerholz

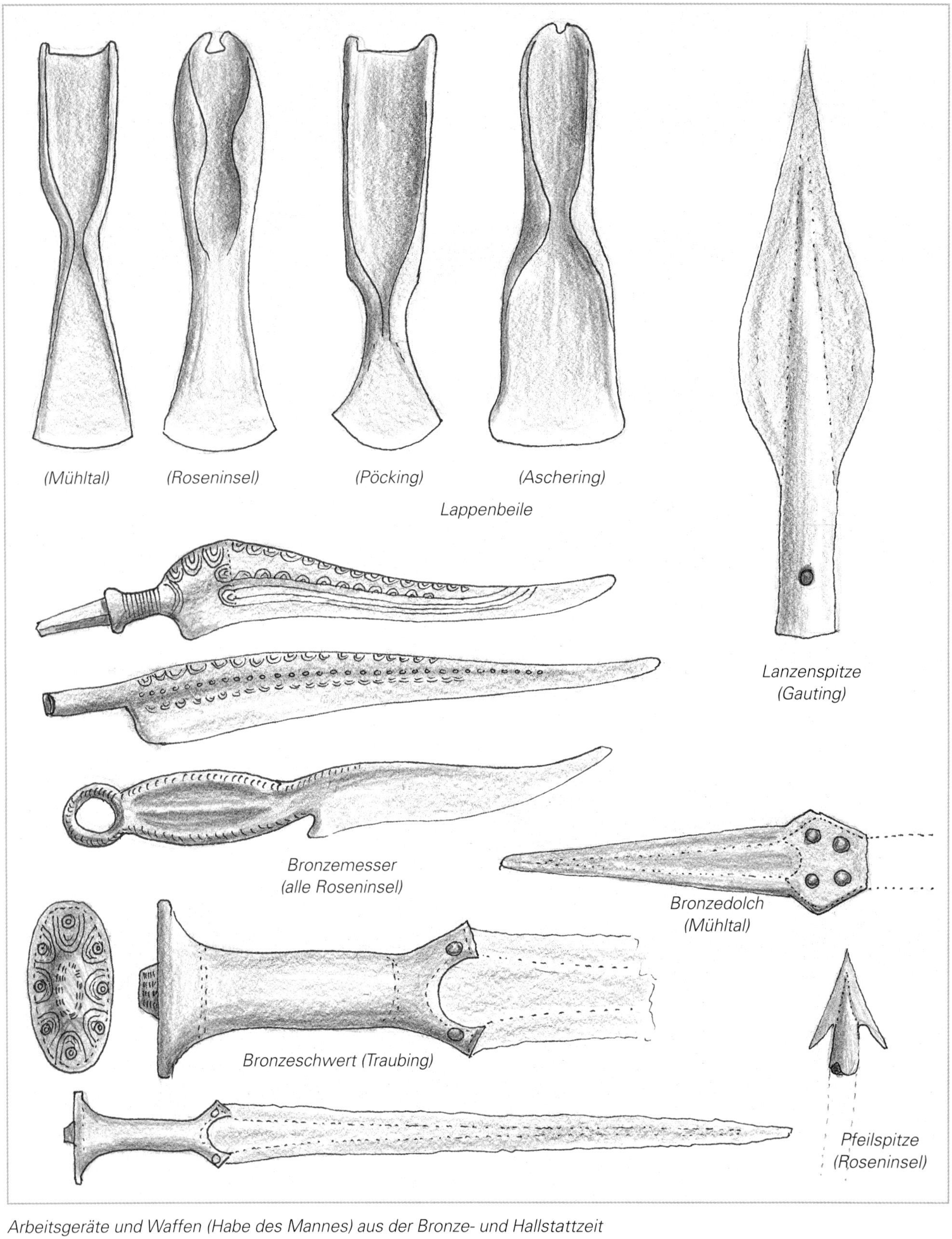

Arbeitsgeräte und Waffen (Habe des Mannes) aus der Bronze- und Hallstattzeit

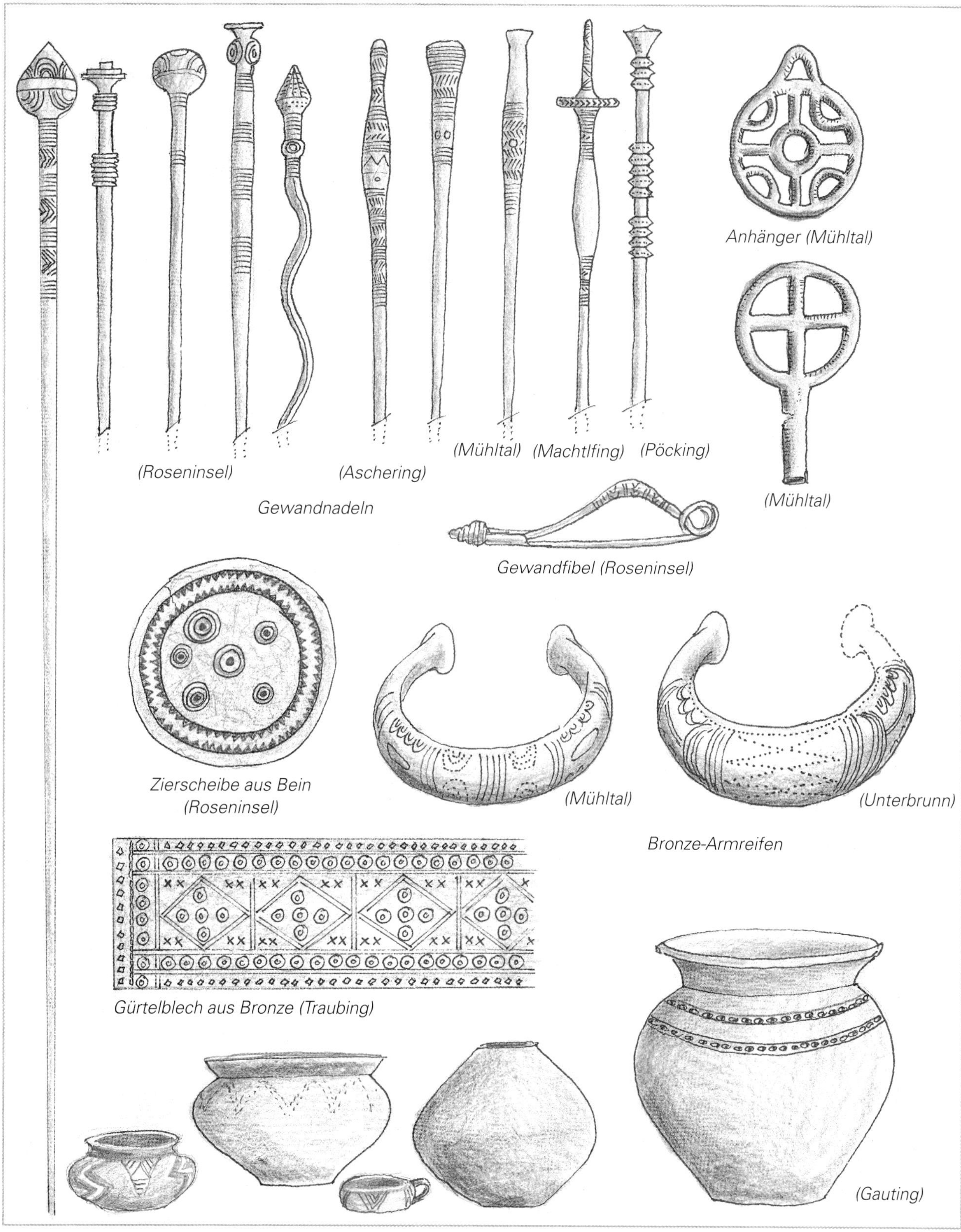

Schmuckstücke und Keramikgefäße (Habe der Frau) aus der Bronze- und Hallstattzeit

Spätbronzezeitliche Siedlung (um 1300 v. Chr.) an der Schrimpfstraße (Rekonstruktion)

Ziege, Schwein, Geflügel). Man fand auch eine Gewandnadel, Bruchstücke von Schleif- und Mahlsteinen sowie Webgewichte. Dazu mehrere Tausend Scherben von Keramikgefäßen. Es war einer der bedeutendsten Funde aus dieser Zeit, die man in Oberbayern bisher hat machen können.

13 Die Häuser aus der Zeit um 1300 v. Chr. gehörten zur ältesten, nachweisbaren Siedlung im Raum Gauting. Es hat jedoch sicher auch an anderen Stellen des Fünf-Seen-Landes ähnliche Siedlungen gegeben. Sogar auf dem Karlsberg wird eine vermutet.

Die Menschen der Bronzezeit trieben bereits leb- 14
haften Handel. Wertvolle Materialien und kunstvolle Gegenstände wurden von den Händlern in ferne Gegenden gebracht und gegen andere Waren eingetauscht. So kam zum Beispiel der

Beil, Gewandnadel und Dolch aus einem Hügelgrab in Mühltal

Keramikgefäße aus einem Hügelgrab im Stockdorfer Angerholz

So etwa könnten die Männer und Frauen der Bronze- und Hallstattzeit mit ihrer Habe ausgesehen haben

außerordentlich begehrte Bernstein von der Ostsee bis ans Mittelmeer, und in Gräbern nördlich der Alpen hat man schöne Keramikgefäße aus Griechenland gefunden! Die wichtigsten Handelswege entstanden an den Flussläufen. Wir dürfen davon ausgehen, dass ein solcher uralter Handelsweg auch entlang der Würm, durchs Mühltal und an den Ufern des Starnberger Sees verlief.

① Auch aus dieser Epoche kannst du in der Archäologischen Staatssammlung in München viele interessante und schöne Funde besichtigen.

② Die alte Handelsstraße entlang der Würm war vermutlich der Grund, dass hier die römische Siedlung Bratananium und später das Bajuwarendorf entstanden. Noch heute liegen vermutlich einige Straßen (zum Beispiel Münchner und Planegger Straße, Leutstettener Straße) auf diesem uralten Fernweg.

③ Im Freilicht-Museum bei Bad Buchau (am Federsee bei Biberach) und in Unteruhldingen (am Bodensee) kann man nachgebaute Häuser und Geräte dieser Zeit besichtigen. Vielleicht kannst du mit deinen Eltern einmal einen Ausflug dorthin machen!

④ Die ersten Bergleute der Bronzezeit mussten besonders klein sein, weil man keine größeren Stollen und Schächte bauen konnte. In einem Märchen der Gebrüder Grimm ist eine uralte Erinnerung an diese Bergleute überliefert! Sogar ihre Bergmannskleidung und ihre Werkzeuge werden erwähnt. Um welches Märchen handelt es sich?

⑤ Weil verschiedene Tätigkeiten immer schwieriger wurden und erfahrene Fachleute erforderten, entstanden in der Bronzezeit die ersten Berufe. Kannst du dir denken, welche?

⑥ Es gibt in anderen Erdteilen heute noch Menschen, die wie in der Steinzeit leben! Sind sie zu ungeschickt, bessere Geräte zu entwickeln, oder gibt es andere Gründe dafür? Denke an das Material für die Werkzeuge!

Ein Bronzebeil (Nachbildung)

Die Keltenschanze bei Buchendorf (Luftaufnahme des Bayer. Landesamtes für Denkmalpflege)

Die Zeit der Kelten

1 Die Keltenzeit, nach dem bedeutenden Fundort in der Schweiz (La Tène) auch Latènezeit oder Eisenzeit genannt, rechnet man ab etwa 500 v. Chr. Wir wissen jedoch nicht sicher, ob die Kelten in unserer Heimat schon in der Spätbronzezeit (Hallstattzeit) ansässig waren oder erst später eingewandert sind.

2 Die Kelten waren ein Volk, das weite Teile Europas besiedelte. In Frankreich spricht man von den Galliern. Bei uns, im Raum südlich der Donau, siedelte das keltische Volk der Vindeliker. Die Kelten hatten bereits eine sehr reiche Kultur entwickelt. Ein reger Handel, für den sie ihre eigenen Münzen prägten, verband sie mit den Nachbarvölkern. Sie lebten schon in größeren Siedlungen und in befestigten Städten mit Toren und Stadtmauern. Manching bei Ingolstadt war vermutlich ihre Hauptstadt südlich der Donau, eine Stadt mit mehreren Tausend Einwohnern.

Die Kelten waren hervorragende Handwerker sowie sehr fantasievolle und begabte Künstler. 3
Während in der Steinzeit jeder Einzelne wohl noch alle Arbeiten selbst ausführen konnte, zeichnete sich seit der Bronzezeit eine ganz bedeutende Entwicklung ab: Die Menschen verteilten die Arbeit untereinander. Es gab immer häufiger Spezialisten für verschiedene Aufgaben (z. B. Bergbau, Bronze- und Eisenverarbeitung) und es entstanden die ersten Berufe wie der Schmied, Zimmermann, Bäcker, Händler, Weber, Glasmacher, Goldschmied u. a. Die Bauern versorgten nicht mehr nur sich selbst, sondern mit ihren Überschüssen auch die Leute in den Städten.

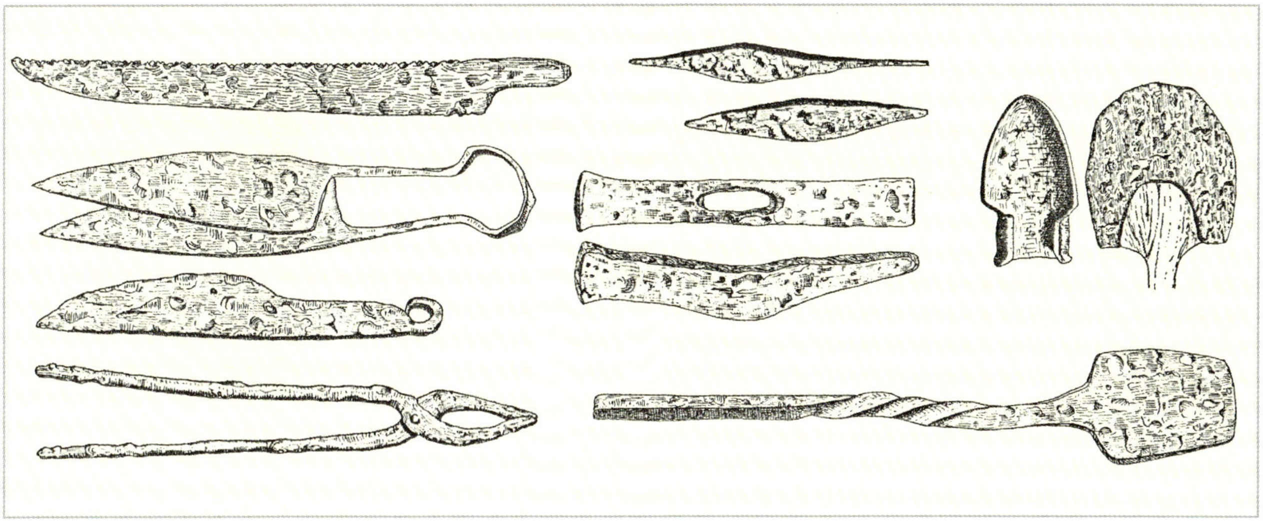

Keltische Werkzeuge aus Eisen (Messer, Schafschere, Zange, Hammer, Schaufel), gefunden in Manching

4 Die Kelten waren vor allem große Meister im Gießen und Schmieden von Eisen. Sie entwickelten die herkömmlichen Werkzeuge und Geräte weiter und verbesserten sie zu perfekter Handhabung. Manche Werkzeuge wie z. B. Hammer, Zange oder Schere haben in dieser Zeit die bestmögliche Form erreicht und haben sie bis heute behalten!

5 Auch im oberen Würmtal und im Fünf-Seen-Land haben Kelten gesiedelt. Sie haben jedoch nur wenige Spuren hinterlassen. Ihre Holzhäuser sind ebenso vergangen wie die der Bronzezeit. Auch ihre Flachgräber sind nur durch Zufall zu entdecken. In Gauting hat man jedoch einige gefunden. Der bedeutendste Fund (Hubertusstraße) war das Grab eines Kriegers aus dem 3. Jahrhundert v. Chr. mit reicher Ausstattung (Lanze, Eisenschwert).

Wo sich die Siedlung der Kelten befunden hat, ist 6
noch nicht zu sagen. In der heutigen Ortsmitte vielleicht, die dafür sehr günstige Voraussetzungen bot: Das frische Wasser der Würm sowie zwei gegenüberliegende, mit Fuhrwerken befahrbare „Rampen" auf das sonst sehr steile Hochufer hinauf (Bahnhofberg, Buchendorfer Berg). Hier haben vermutlich das spätere Bau-

Ringe, Fibel und Lanze (Eisen) aus einem keltischen Männergrab (Gauting, Hubertusstraße)

Blick in ein keltisches Haus (Rekonstruktion)

Mögliches Aussehen der Buchendorfer Keltenschanze um 100 v. Chr. (Wall, Graben, Tempel, Brandopferaltar, Opferschächte)

erndorf, vielleicht auch schon die Römersiedlung alle Spuren ausgelöscht. Nur südlich der Reismühle haben die Archäologen einen kleinen keltischen Wohnplatz aufdecken können. Zu ihm gehörte auch ein Brandopferplatz, der später von den Römern übernommen und weitergeführt wurde. Sogar ein kleiner hölzerner Tempel kam später hinzu.

7 Das wichtigste Zeugnis der Keltenzeit ist die „Keltenschanze" bei Buchendorf aus dem 1. Jahrhundert v. Chr. Sie ist eine der am besten erhaltenen keltischen Wallanlagen in Süddeutschland. Sie besitzt einen annähernd quadratischen Grundriss von etwa 100 m Seitenlänge. Der ursprüngliche Graben entlang der Wälle ist heute längst aufgefüllt. Der Eingang befindet sich auf der Westseite, die Öffnung an der Ecke stammt aus dem 19. Jahrhundert. Es ist durchaus möglich, ja sogar sehr wahrscheinlich, dass sich in der Nähe der Schanze auch eine keltische Siedlung befunden hat.

8 Man hat lange über die Bedeutung dieser Anlagen gerätselt. Man hielt sie erst für eine Verteidigungsanlage oder einen Gutshof. Seit man aber eine solche Anlage bei Holzhausen (bei Wolfratshausen) untersucht hat, vermutete man eine Art Heiligtum: Der Wall schied den heiligen Bezirk von der Außenwelt. In einer Ecke oder in der Mitte befand sich ein kleiner hölzerner Tempel. Mehrere Schächte, die wie Schöpfbrunnen gebaut waren, lagen über die Anlage verteilt. In ihnen opferte man vermutlich einer Erdgottheit Blut oder Fleisch von Opfertieren. In Holzhausen waren die Schächte bis 35 m tief. Möglicherweise befand sich unten auf dem Schachtgrund ein hölzernes Götterbild. Zur Anlage hat wohl auch ein Altar für Brandopfer gehört.

Inzwischen haben neuere Untersuchungen aber 9
ergeben, dass diese Anlagen nicht allein als Heiligtum genutzt wurden. Möglicherweise waren sie auch Versammlungsplatz, Ort für Amtsgeschäfte oder Gerichtsplatz. Derartige Wallanlagen findet man in ganz Süddeutschland und in Frankreich. In der Nähe unseres Nachbarortes Gilching liegen gleich vier Schanzen. Sie sind aber nur noch sehr schlecht erhalten.

① Du findest die Gilchinger Wallanlagen auf der Karte der Hügelgräber (im Kapitel „Bronzezeit")

② Es gibt in Europa noch Nachfahren der Kelten: in der Bretagne (Nordfrankreich), in Wales (England) und in Irland. Sie sprechen einen Dialekt, der sich aus der keltischen Sprache entwickelt hat.

Das Römische Weltreich

1 Rom ist im Jahre 753 v. Chr. von Romulus, dem Sohn des Kriegsgottes Mars, gegründet worden. So überliefert es uns eine Sage.

2 In den folgenden Jahrhunderten entwickelte sich Rom zu solcher Macht, dass es nach und nach alle Stämme in Mittelitalien unterwerfen konnte. Um 100 v. Chr. waren bereits ganz Italien, Griechenland und große Teile Kleinasiens (Türkei) römisch. Nach dem Sieg über Hannibal wurden Karthago und Nordafrika in das Reich eingegliedert. Auch Ägypten wurde römische Provinz. Gaius Julius Caesar eroberte Spanien und Gallien (Frankreich). Schließlich kam auch noch Britannien hinzu.

3 Die Römer hatten sich inzwischen auf allen Gebieten so außerordentlich entwickelt, dass sie allen Völkern ihrer Zeit haushoch überlegen waren. Sie hatten eine sehr moderne Staatsverwaltung aufgebaut. Ihre Gesetze und ihre Rechtsprechung waren so ausgefeilt, dass sie bis heute Grundlage unserer Gesetzgebung geblieben sind. Der Handel wurde zu höchster Blüte gebracht und durch den Bau von Straßen bis in die entlegensten Winkel Europas getragen. Die Römer hatten ein Straßennetz ausgebaut, das schnelle und sichere Reisen von einem Ende des Weltreiches zum anderen erlaubte. Vor allem die Technik (Straßen, Brücken, Wasserleitungen, Heizungsanlagen, Hausbau) entwickelte sich zu einem Höhepunkt, wie er später über viele Jahrhunderte hinweg nicht wieder erreicht wurde.

Das römische Heer war wie eine moderne Armee aufgebaut und verfügte über die beste Ausbildung und die beste Waffentechnik des Altertums. 4

Unter diesen Umständen konnten die Römer ein Weltreich aufbauen und über Jahrhunderte zusammenhalten. Unter Kaiser Trajan (98 bis 117 n. Chr.) erreichte es seine größte Ausdehnung. 5

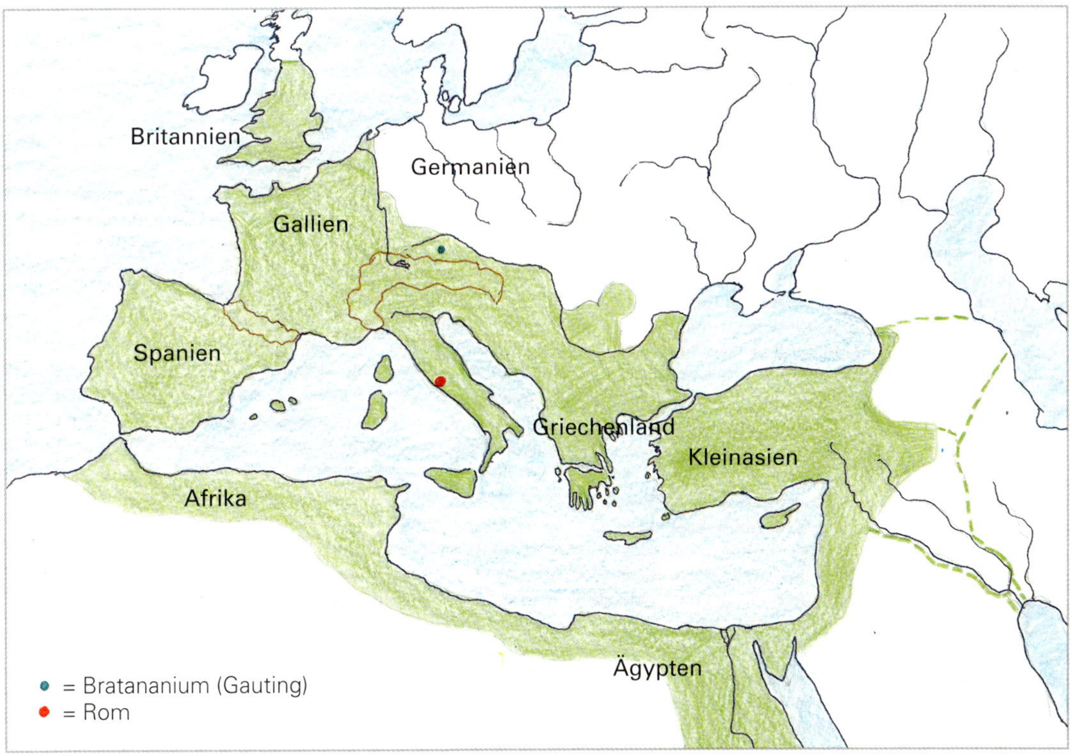

Das Römische Weltreich, etwa zur Zeit des Kaisers Trajan (98 – 117 n. Chr.)

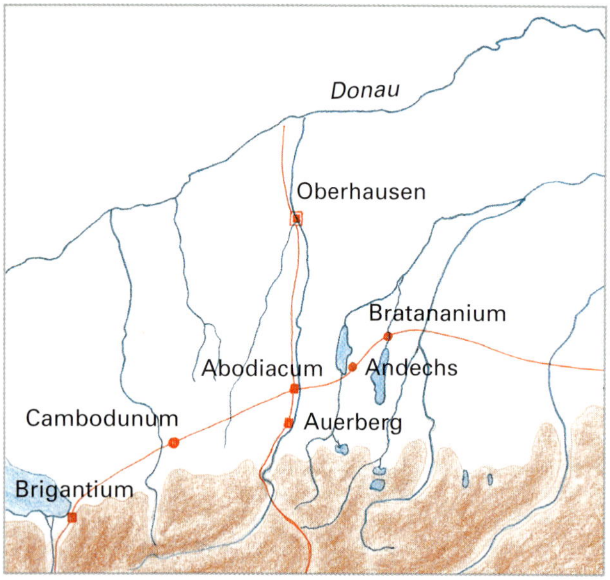

Die Römer sichern das eroberte Alpenvorland mit ersten Militärstationen und Straßen

Die Römer erobern Süddeutschland

1 Im Jahre 15 v.Chr., während der Regierung des Kaisers Augustus, eroberten die Römer das Alpenvorland. Die römischen Truppen waren über die Alpenpässe und vom Bodensee her in das Land der keltischen Vindeliker eingedrungen. Allem Anschein nach hat es aber keine größeren Kämpfe gegeben. Nur bei Oberammergau hat man Funde gemacht, die auf ein Gefecht hinweisen. Man nimmt heute an, dass das Land um diese Zeit wohl nur noch dünn besiedelt war.

2 Es dauerte dann auch einige Zeit, bis die Römer Militär zur Sicherung des eroberten Landes stationierten und eine Verwaltung aufbauten. Man hat allerdings bisher nur ein paar solcher Militärstationen feststellen können. Das größte Militärlager befand sich in Oberhausen, einem Vorort der Stadt Augsburg. Etwa hundert Jahre später, als die Markomannen erstmals plündernd in die Provinz Raetien einfielen, wurden die Grenzlinie der Donau und der Limes mit einer dichten Kette von Kastellen und Lagern ausgebaut.

Nach und nach entstanden im Alpenvorland auch Siedlungen für die Zivilbevölkerung, für Handel und Verwaltung. So die große Stadt Cambodunum und die spätere Hauptstadt der Provinz Raetien, Augusta Vindelicum. In mehreren Fällen wurden auch bestehende keltische Orte ausgebaut.

Eine der ersten Maßnahmen war der Bau von 3
Straßen. So wurde die wichtigste Fernstraße von Italien herauf, die Via Claudia Augusta, im Bereich der Alpen ausgebaut und über Augsburg bis zur Donau weitergeführt. Eine zweite, sehr wichtige Fernstraße erschloss das Alpenvorland von West nach Ost. Sie führte von Brigantium über Cambodunum, Abodiacum, Bratananium und den Chiemsee nach Juvavum.

In Gauting entstand sehr früh (um 30 – 50 n.Chr.) 4
eine kleine Siedlung. Die Straße von Kempten nach Salzburg überquerte hier die Würm. Ob bei uns ebenfalls für kurze Zeit Soldaten stationiert waren, wie man früher vermutete, konnte allerdings bisher nicht nachgewiesen werden. Man hat in den vergangenen Jahren auch auf dem Andechser Berg Funde gemacht, die an einen solchen Militärposten denken lassen.

① Mit der Besetzung Süddeutschlands war eine nördlich der Alpen gelegene, sehr wichtige Verbindung zwischen den Donauprovinzen und dem Rheinland und Gallien hergestellt. Denke dabei an die Bedeutung der beiden Römerstraßen, welche durch Gauting liefen!

② Als die Römer den Plan zur Eroberung Germaniens aufgegeben hatten, wurde Süddeutschland immer wichtiger zur Verteidigung des Reiches gegen die feindlichen Germanen jenseits der Donau.

③ Hinter den römischen Ortsnamen verbergen sich heute folgende Orte:
Augusta Vindelicum = Augsburg
Brigantium = Bregenz am Bodensee
Juvavum = Salzburg
Cambodunum = Kempten
Abodiacum = Epfach am Lech
Urusa = Raisting am Ammersee
ad Ambre = Schöngeising an der Amper
Castra Regina = Regensburg

Die römischen Soldaten

1 Das römische Heer war ganz modern aufgebaut und hatte während der Kaiserzeit eine Stärke von etwa 350 000 Mann. Es war in Legionen zu 6000 Mann gegliedert. Jede Legion war in 10 Kohorten unterteilt, die wiederum aus mehreren Zenturien zu 80 Mann bestand. Daneben gab es Hilfstruppen (sog. Auxiliar-Einheiten), die in der Regel aus den jungen Männern der unterworfenen Völker zusammengestellt wurden. Hinzu kamen Spezialtruppen wie Bogenschützen, Reiterei und Abteilungen, welche die schweren Steinschleudern und Rammböcke zu bedienen hatten. Und schließlich noch die Schar der Handwerker, Lagerarbeiter, Ingenieure, Ärzte und Verwaltungsbeamten.

2 Die römischen Legionäre waren Berufssoldaten. Ihre Dienstzeit betrug 20, die der Hilfstruppen 25 Jahre. Wenn ein Soldat am Ende dann pensioniert wurde, bekam er ein kleines Diplom aus Bronze, welches die wichtigsten Daten seiner Laufbahn festhielt. Angehörige der Hilfstruppen erhielten damit auch das begehrte römische Bürgerrecht. Die Soldaten durften anschließend in ihre Heimat zurückkehren. Sie konnten eine Pension beziehen oder sich ein kleines Stück Land überschreiben lassen, um es als Landwirt zu bewirtschaften. So hat vielleicht mancher Veteran seinen Lebensabend in einer Landvilla im Fünf-Seen-Land verbracht.

3 Die Legionäre waren im Allgemeinen sehr gut ausgebildet. Sie mussten regelmäßig und sehr hart exerzieren und ihre Waffentechnik trainieren. Mit weiten Märschen über 30 bis 40 km bei voller Ausrüstung wurden schnelle Truppenbewegungen geübt. Am Ende des Marsches mussten die Soldaten ein Lager errichten und sichern. Dafür wurden Lederzelte für 6 bis 8 Mann aufgestellt und Gräben ausgehoben. Die Wälle wurden mit spitzen Schanzpfählen versehen. Dann durften sich die Soldaten ihr Essen zubereiten. Anschließend mussten alle Geräte in Ordnung gebracht und Nachtwachen übernommen werden.

Römischer Soldat mit Marschgepäck

Das Marschgepäck wog zwischen 35 und 45 kg. 4
Jeder trug neben der Kleidung seine gesamte Rüstung, bestehend aus Kettenhemd oder Brustpanzer, Gürtel und Schulterriemen, Schild und Helm, Schwert und Dolch sowie mindestens einem Wurfspeer (pilum). Das Kettenhemd wog allein schon über 8 kg, der Schild über 4 kg! Dazu kamen das Essgeschirr, die Verpflegung für etwa drei Tage und das Schanzzeug (Axt, Spaten, Werkzeug u. a.). Kein Wunder, dass es immer wieder Meutereien gab und sich die Leute über das schwere Gepäck beschwerten. Manchmal

Legionär (um 50 n. Chr.), Legionär (um 200 n. Chr.) und Soldat der Hilfstruppen (um 200 n. Chr.)

wurden aber auch Maultiere mitgeführt, die einen Teil des zum Lagerbau nötigen Materials trugen.

5 Wenn sich die Legionäre nicht im Kriegseinsatz befanden, lebten sie in Lagern (Kastelle, Kasernen). Diese waren sehr stark mit Gräben, Wällen und dicken Mauern befestigt. Die Soldaten lebten gemeinsam in großen, langen Mannschaftsbaracken, die Offiziere in eigenen Häusern oder Dienstwohnungen. Zu einem Kastell gehörten Ställe für die Pferde und Maultiere, eine Krankenstation, eine Verwaltung und große Vorratshallen sowie ein Badegebäude (Therme). Außerhalb des Kastells lagen die Siedlungen der Zivilbevölkerung, der Handwerker, Händler und Bauern, welche die Soldaten zu versorgen hatten.

① Die Gliederung eines modernen Heeres sieht ähnlich aus: Armee – Division – Bataillon – Kompanie

Römische Soldaten (mit nachgebildeten Waffen)

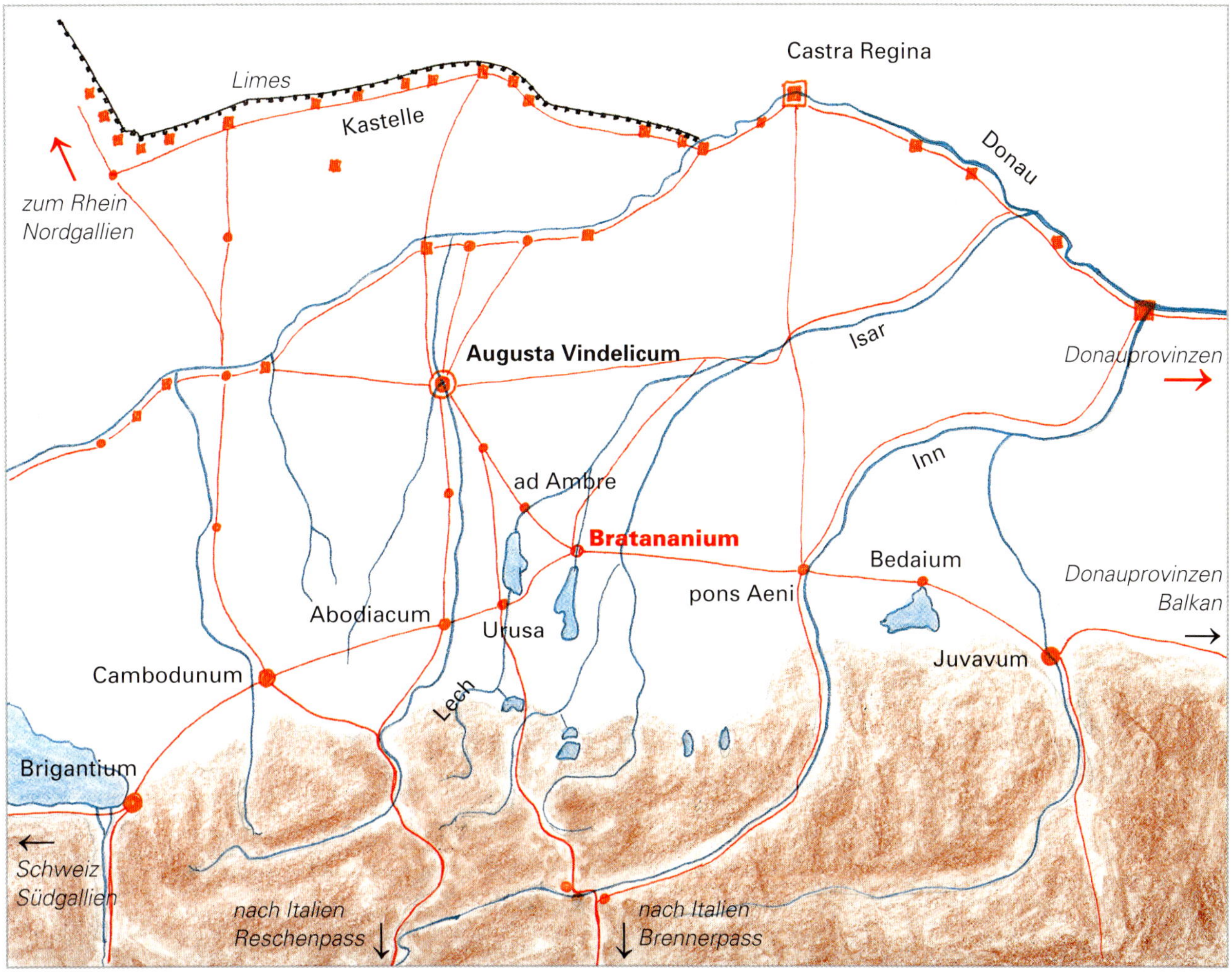

Die wichtigsten Römerstraßen im Alpenvorland

Die Römerstraßen

1 Die Römer waren großartige Straßen- und Brückenbauer. In der Blütezeit ihres Weltreiches waren sämtliche Provinzen mit einem dichten Netz von Straßen überzogen. Sie waren so gut gebaut, dass man sie noch lange nach dem Ende des Römerreiches, zum Teil noch während des ganzen Mittelalters benutzen konnte.

2 Eigene Vermessungsfachleute berechneten eine Straßenführung, welche die Orte auf kürzestem Weg verband. Ingenieure planten einen dauerhaften und bei jeder Witterung befahrbaren Straßendamm. Zuerst wurde das Erdreich bis zum Schotter ausgehoben. Dann wurde der Damm in verschiedenen Schotter-, Kies- und Sandschichten aufgebaut. Gräben zu beiden Seiten sorgten dafür, dass das Regenwasser gut ablaufen konnte. Der Damm der Römerstraße Gauting – Gilching ist sehr gut erhalten und lässt noch heute die einstige hohe Qualität erkennen. Auch die Materialgruben zu beiden Seiten, aus denen man den Kies entnommen hat, sind hier noch schön zu sehen.

Die Römerstraßen wurden sorgfältig gepflegt 3
und, wenn notwendig, immer wieder erneuert. Wichtige Straßenabschnitte (besonders in Italien) hat man sogar mit einem Steinpflaster

Römischer Meilenstein
in **Gilching** (Kopie)

Nach Reparaturarbeiten aufgestellt von
Kaiser Septimius Severus
und seinen Söhnen
Marcus Aurelius (Caracalla) und **Geta**
im Jahre 201

Der Imperator und Caesar
Lucius Septimius Severus Pius Pertinax Augustus
der große Sieger über Araber, Adiabener und Parther,
höchster Priester, Tribun zum 9.Mal
Imperator zum 12.Mal., Konsul zum 2.Mal
Vater des Vaterlands und Proconsul
und der Imperator
Marcus Aurelius Antoninus Pius Augustus
Tribun zum 4.Mal
und der Imperator Publius Septimius Geta
haben Straßen und Brücken
wieder hergestellt

von Augsburg 31 Meilen

An wichtigen Stellen errichteten die Römer 5
Meilensteine. Diese gaben die Entfernung zur nächsten Raststation an und verkündeten den Ruhm des Kaisers.

Die beiden Gautinger Römerstraßen gehörten 6
sicher zu den wichtigsten Straßen der Provinz Raetien. Man könnte sie mit unseren heutigen Bundesstraßen oder Autobahnen vergleichen.

① Bratananium war bestens an das große Straßennetz angebunden. Wenn du die Karte auf S. 31 studierst, kannst du herausfinden, welche Ziele man von Gauting aus erreichen konnte.

② Auch in Richtung Norden, zur Donau, gab es sehr wahrscheinlich eine Römerstraße. Sie wurde wohl auf dem uralten Handelsweg entlang der Würm über Stockdorf, Krailling und Pasing geführt. Vielleicht auch auf dem Hochufer, wo ihre Spuren dann beim Bau der Eisenbahn beseitigt wurden.

Querschnitt durch eine Römerstraße und Nachbildung eines römischen Meilensteins

belegt. Beim Bau des Gautinger Rathauses konnte man sehen, dass auch hier die Ortsdurchfahrt mit Feldsteinen gepflastert war.

4 Das dichte Netz der Römerstraßen war eine Voraussetzung, um Truppen schnell von einer Provinz in die andere oder von einem Kastell zum Einsatzort verlegen zu können. Es war von höchster Bedeutung für den Nachschub und die Versorgung der Legionen. Berittene Boten (Kuriere) konnten Nachrichten in wenigen Tagen an alle Punkte des Weltreiches befördern. Auch die Händler erreichten mit ihren Transporten die einsamsten Winkel der Provinzen.

Römischer Reisewagen (Rekonstruktion im Museum Mindelheim). Länge 3,26 m, Spurbreite 1,62 m

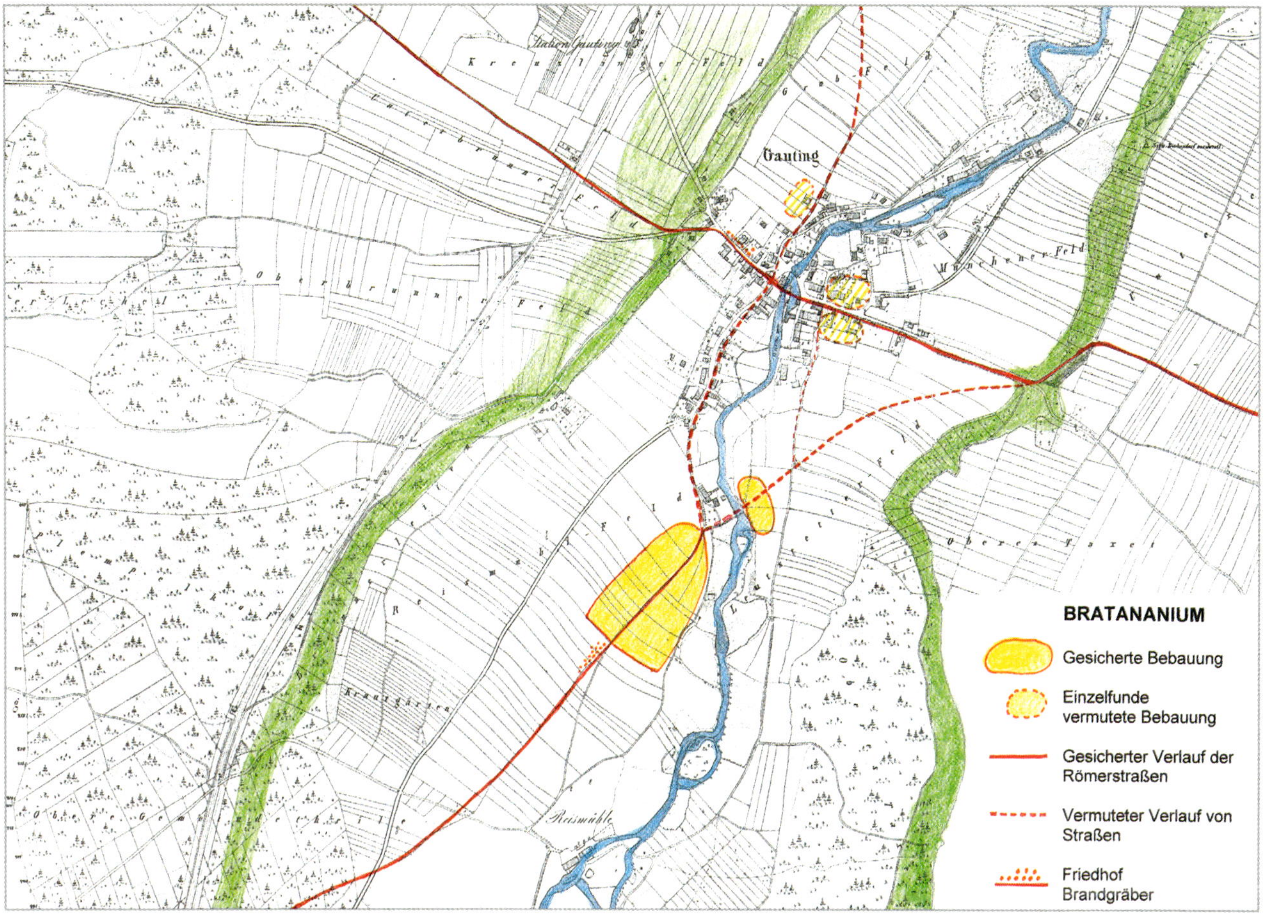

Bratananium und Verlauf der Römerstraßen (Karte: Gauting, um 1860)

Bratananium

1 Wir wissen nicht, ob nach der Eroberung des Alpenvorlandes für kurze Zeit Soldaten in Gauting stationiert waren. Spätestens als die Fernstraße Bregenz – Kempten – Salzburg gebaut war, wurde am Übergang über die Würm jedoch eine Straßenstation notwendig. Das mag um 30 bis 50 n.Chr. gewesen sein. Vermutlich existierte hier noch eine kleine keltische Siedlung und bot sich als günstiger Standort an.

2 Die Archäologen haben bereits verschiedene Gebäude dieser Siedlung entdeckt und zahlreiche Funde gemacht. Eines der wichtigsten Gebäude war ein sehr großer Bau von 35 m Länge und 18 m Breite. Seine Grundmauern waren 1,20 m stark. Er war also wohl zweigeschossig. Man vermutet heute, dass dies das Rasthaus, also das Hotel des Ortes gewesen ist. Vielleicht war es auch Markthalle und Gerichtsgebäude. Das dazu gehörige Nachbargebäude war sogar mit einem Bad ausgestattet. Dahinter lag ein weiteres langgestrecktes Gebäude. Es war ganz aus Holz gebaut und wurde eventuell als Pferdestall genutzt.

Die beiden Gebäude waren in rechtem Winkel 3
um einen größeren, mit Feldsteinen gepflasterten Platz angeordnet. Dieser war wohl das Forum, der Versammlungs- und Marktplatz des Ortes. Schon 1936 hatte man die Therme, das große öffentliche Badegebäude, entdeckt.

Unmittelbar an der Straße lagen Wohnhäuser. 4
Sie waren, wie in römischen Siedlungen üblich,

ungewöhnlich lang und meist eng aneinander gereiht. Hinter den Häusern befanden sich die Gärten. Dazwischen standen auch ein paar größere, mehr quadratisch gebaute Wohnhäuser.

5 Bratananium war vielleicht sogar ein kleiner Verwaltungsort. Es ist durchaus möglich, dass von Zeit zu Zeit jemand aus Augusta Vindelicum kam, um für die Bewohner der Umgebung kleine Rechtsfälle zu klären. Im Ort war vermutlich auch eine für Straßenstationen zuständige Polizeiwache stationiert. Man fand auf dem Brandopferplatz südlich der Reismühle Teile ihres Hoheitszeichens. Dort, wo die Straße nach Kempten wieder das Hochufer erreichte (südlich der Straße nach Hausen), befand sich ein Gebäude, welches vermutlich als Wachturm diente. Von dort oben hatte man einen guten Überblick über die Anhöhe und das Würmtal.

Unser Römerort war zweifellos eine bedeutende 6
Siedlung. Wir kennen zwar ihren tatsächlichen Umfang noch nicht. Es ist aber gut möglich, dass sie an die 20 bis 40 Häuser mit mehr als 100 Einwohnern umfasste. Eine Siedlung dieser Größe nannten die Römer „vicus". Auch auf dem rechten Würmufer und in der Nähe der heutigen Pfarrkirche standen vermutlich Wohnhäuser.

① Der Name Bratananium ist keine Wortschöpfung der lateinischen Sprache, sondern übernimmt vermutlich einen keltischen Ortsnamen. Vielleicht haben ihn die Römer noch von den keltischen Bewohnern erfragen können wie auch den keltischen Flussnamen „Würm" (nämlich „Wirmina").

② Wir haben den Namen aus der Kopie einer römischen Straßenkarte (der sog. Peutinger-Karte) erfahren. Da die dort genannten Entfernungen in mehreren Fällen wohl nicht stimmen, können wir nicht mit letzter Sicherheit sagen, ob damit unser Gautinger Römerort gemeint ist.

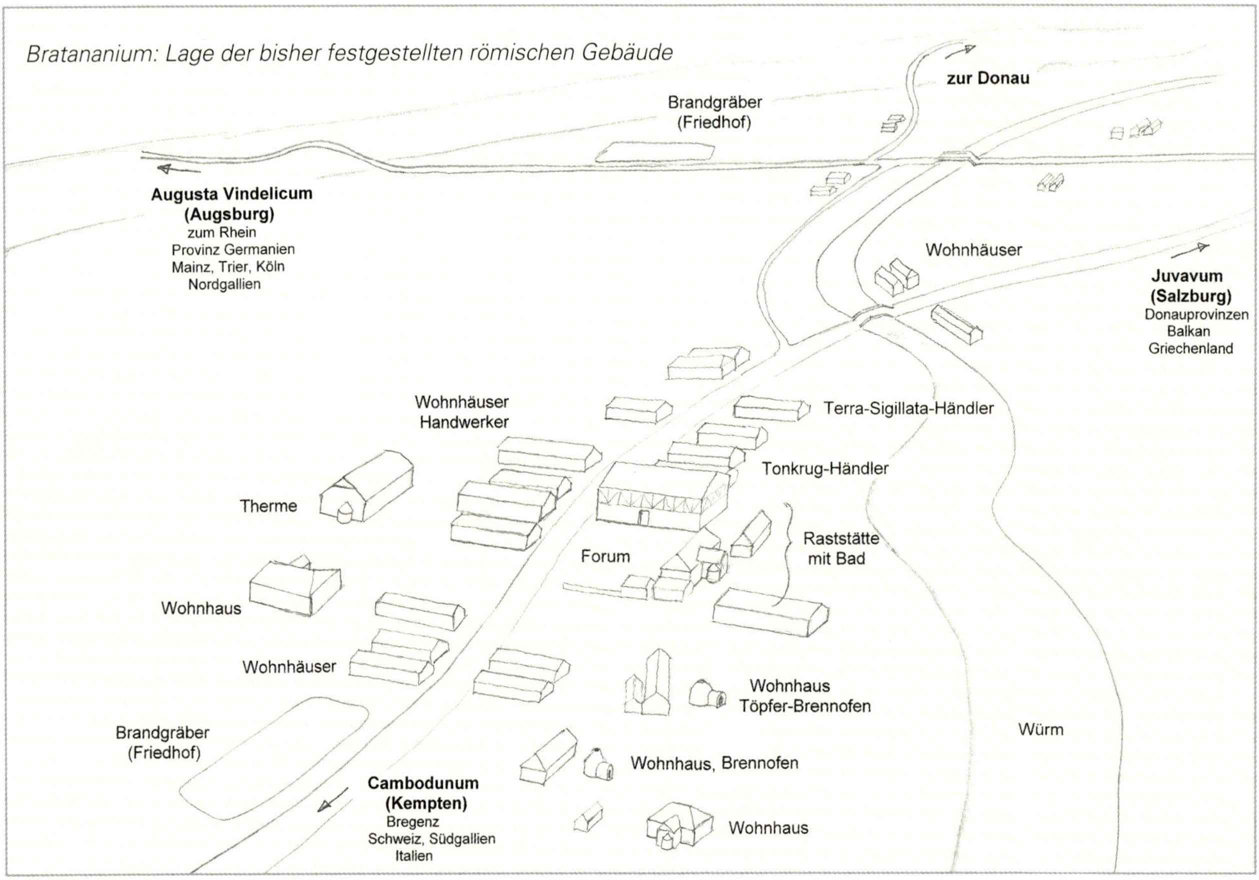

Bratananium: Lage der bisher festgestellten römischen Gebäude

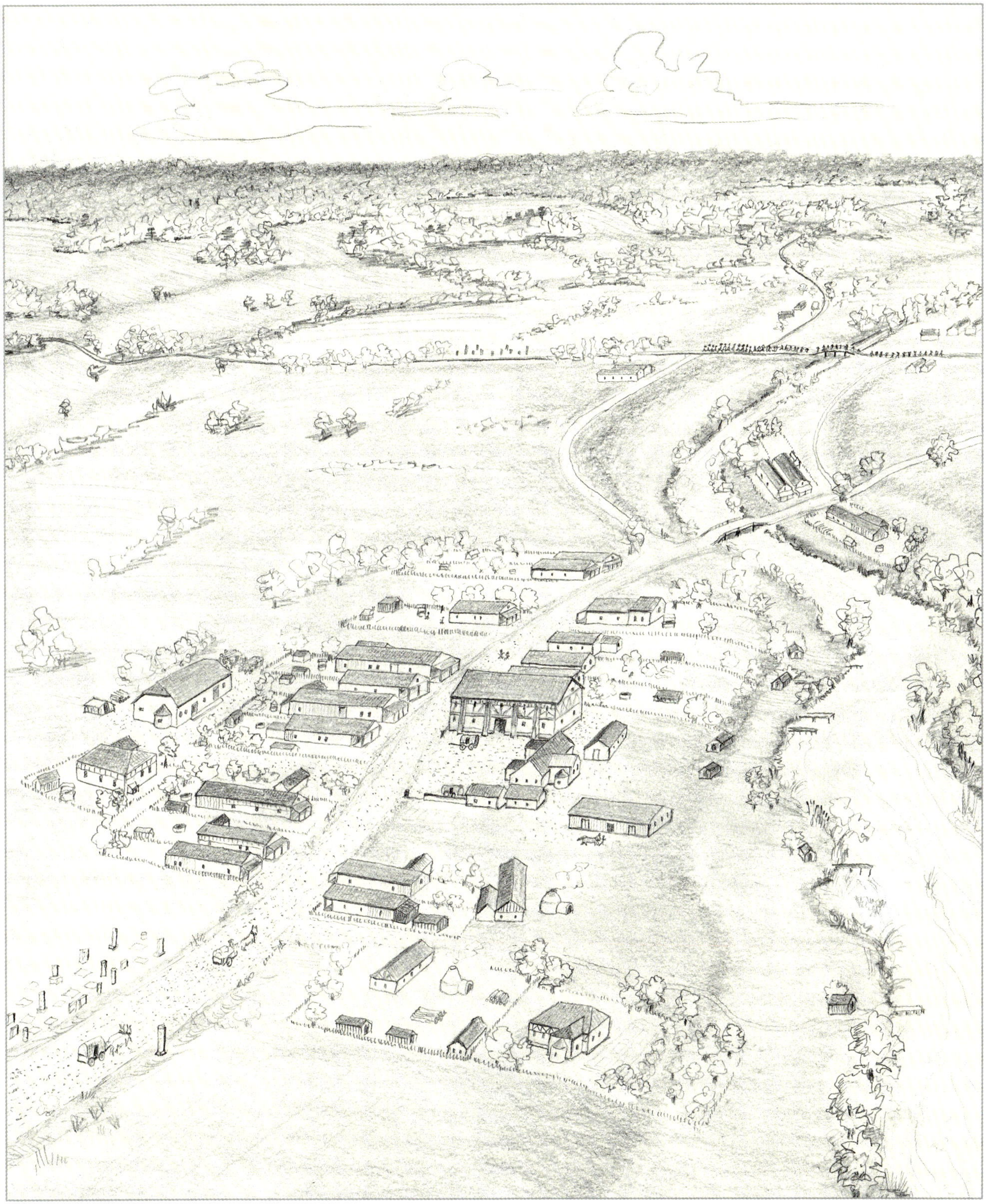

So etwa könnte Bratananium ausgesehen haben (bisher festgestellte Gebäude). Vermutlich standen noch weitere Streifenhäuser an der Straße. Vielleicht waren auch die Starnberger Straße (bis zum Hauptplatz) und die Leutstettener Straße bebaut.

Ein römisches Streifenhaus in Bratananium (Rekonstruktion)

Wie die Römer wohnten

1 In Bratananium waren die meisten Häuser, wie in den kleineren Orten der Provinz üblich, erdgeschossig, schmal und langgestreckt. Sie waren etwa 6 bis 10 Meter breit und erreichten eine Länge von 30 bis 35 Metern. Man nennt sie deshalb Streifenhäuser. Im Allgemeinen waren sie mit dem Giebel zur Straße hin orientiert. Die Giebelseite hatte einen auf Säulen ruhenden Vorbau. Hier konnte man trockenen Fußes aus der Haustüre treten. Im Sommer bot das Vordach Schatten. Die Händler und die Handwerker, deren Werkstätten sich oft zur Straße hin öffneten, konnten hier ihre Waren feilbieten.

Anfangs wurden die Häuser ganz aus Holz 2
gebaut. Später überwogen Fachwerkbauten, die auf Steinsockeln standen und verputzt waren. Die Dachdeckung bestand aus gebrannten Ziegeln.

Die Häuser waren für die Verhältnisse in der 3
Römerzeit recht bescheiden, im Vergleich zu späteren Jahrhunderten jedoch fast luxuriös ausgestattet. Es gab in der Regel wenigstens einen beheizbaren Raum, oft auch ein eigenes Bad mit

Blick in eine römische Küche (Rekonstruktion)

Messer (mit einer Nachbildung) und Hausschlüssel aus Bratananium

Modell einer römischen Bodenheizung (Hypocaustum)

Fußbodenheizung. Es gab natürlich auch eine Küche, einen Wohnraum und Schlafräume. Einige Zimmer waren mit leuchtenden Farben dekoriert. Viele Häuser besaßen auch einen kleinen Keller.

4 Eine großartige, ganz moderne Einrichtung war die Heizung. Sie wurde von einer Heizstelle (Praefurnium) aus bedient, die sich an der Außenmauer des Hauses befand. Der Rauch und die heiße Luft strichen unter dem Fußboden durch. Durch Tonröhren in den Wänden und durch Öffnungen im Dach zog dann der Rauch nach oben ab. Dabei wurden Fußboden und Wände angenehm erwärmt. Die Römer nannten dieses Heizungssystem „Hypocaustum".

Hinter dem Haus war der Garten mit Obstbäu- 5
men und ein paar Gemüsebeeten angeordnet. Hier befanden sich der Brunnen und die Toilette. Es gab dort oft noch Hütten und kleinere Nebengebäude.

① In Städten wie Augsburg oder Kempten waren die Häuser meist zweigeschossig gebaut. Die Häuser der reichen Oberschicht waren dort sehr viel größer und prachtvoll ausgestattet. Weil der Platz dort sehr kostbar war, standen sie dicht gedrängt. Die Straßen wurden gitterförmig im rechten Winkel angelegt.

Sitzgruppe in einem römischen Haus (Nachbildung)

Verputzstücke mit farbiger Dekoration (aus dem Badegebäude (Therme) von Bratananium

Das römische Badegebäude (Therme), ausgegraben 1936

Die Römer nahmen gerne ein Bad

1 Eine große Leidenschaft der Römer war das Baden. In Rom und in den großen Städten des Reiches gab es riesige Hallenbäder, „Thermen" genannt. Sie waren oft so groß, dass mehrere hundert Menschen gleichzeitig baden konnten. Auch überall in den Provinzen gab es solche Bäder. Sie dienten nicht nur dazu, sich zu waschen. Man traf sich im Bad, tauschte den neuesten Klatsch aus, machte sich schön oder vertrieb sich die Zeit mit einem Spiel.

2 Schon 1936 machten die Archäologen in Gauting eine ganz besondere Entdeckung: An der Elisabethstraße, also ganz in der Nähe des heutigen Freibades, konnten sie die vollständig erhaltenen Grundmauern eines römischen Badegebäudes aus dem 1. und 2. Jahrhundert n. Chr. freilegen. Es war die Therme, das öffentliche Bad von Bratananium.

3 Es hatte mit einer Länge von 15 m und einer Breite von 8 m recht ansehnliche Ausmaße. Wie an den Grundmauern zu erkennen war, besaß das Bad zwei gleich große Abteilungen, die eine wohl für Männer, die andere für Frauen und Kinder. In jeder Abteilung gab es ein Kaltwasser- und ein Warmwasserbad sowie vermutlich eine Sauna. Die halbrunden Nischen für die Wannen waren in den Grundmauern noch zu sehen. Natürlich hatte das Bad eine Heizungsanlage (Hypocaustum) für die Wannen, den Fußboden und die Wände. Wie Funde von bemalten Mörtelbrocken beweisen, war das Bad mit herrlichen Farben und Mustern geschmückt.

Das Baden bedeutete einen Luxus, wie ihn da- 4
mals nur die Römer kannten. Auch hier in der Provinz wollten sie nicht auf dieses Vergnügen verzichten. Einige Wohnhäuser besaßen sogar selbst ein kleines Bad. Was muss das für die Bewohner in den kalten Wintermonaten bedeutet haben! Wie sehr hat sich da ein müder Reisender am Abend auf ein Bad in der Therme von Bratananium gefreut! Sie hätte wohl bis in unsere Zeit alle unsere Vorfahren vor Neid erblassen lassen. Selbst sehr reiche Leute und Fürsten besaßen früher kein solches Bad!

① Wie haben sich die Menschen gewaschen, bevor in unserer Zeit (19./20. Jh.) wieder Bäder eingerichtet wurden?

② Über die Heizungsanlage (Hypocaustum) kannst du dich auf der vorhergehenden Seite informieren!

Blick in das Badegebäude von Bratananium (Rekonstruktion)

Grundmauern des Badegebäudes (Warmwasserwanne)

Vom Schminktisch einer schönen Römerin (Bratananium): Pinzette, Schminkdöschen, Spiegel, Parfümfläschchen

Schmuck der schönen Römerinnen in Bratananium

Ein Spielbrett mit Spielscheiben (Nachbildung)

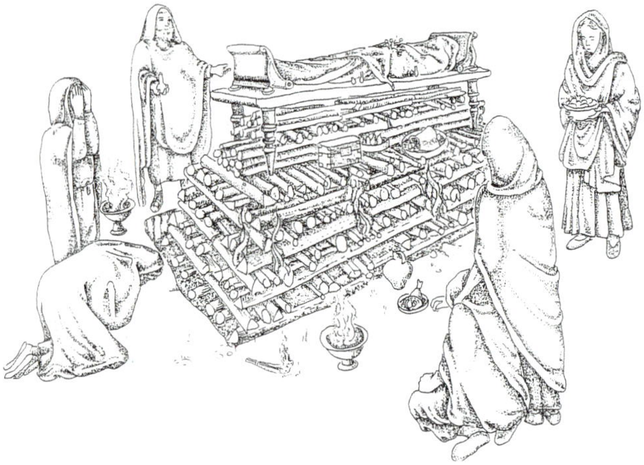

Leichenverbrennung auf dem Scheiterhaufen

Der römische Grabstein, entdeckt 1963 in der Leutstettener Kirche. Eine Clementia Popea hat ihn ihrem verstorbenen Mann setzen lassen. Dieser war Soldat und Stadtrat gewesen und stammte aus Praga in Portugal. Die Inschrift lautet: „Dem Publius Julius Pintamus, Sohn des Caius, zugehörig dem Wahlbezirk Quirina, stammend aus Augusta Bracara in der Provinz Hispania citerior, dem ehemaligen Decurio einer Reitereinheit, dem Stadtrat des municipiums Aelia No..., hat seine Frau Clementia Popea diesen Grabstein dem besten Ehemann und sich selbst zu Lebzeiten gesetzt."

Urnen für die Asche der Toten (aus Bratananium)

Der römische Friedhof

Die Römer glaubten an ein Weiterleben nach 1
dem Tode, solange der Verstorbene im Gedächtnis der Menschen lebendig war. Deshalb beerdigten sie ihre Toten entlang der Straßen und errichteten ihnen schöne Grabmäler. Hier an der Straße hatten sie weiter Anteil am Leben, und die Menschen erinnerten sich ihrer, wenn sie vorüberkamen.

In feierlichem Zug wurden die Toten zum Be- 2
stattungsplatz gebracht. Dort wurden sie auf einem großen Scheiterhaufen verbrannt. Für die Reise ins Jenseits und für das Leben dort gab man ihnen schöne, mit Speisen gefüllte Gefäße mit. Auch Messer, Schreibgriffel, Spielscheiben und Räucherkelche haben die Archäologen gefunden. Den Frauen gab man oft ihren Schmuck mit, auch Schminktöpfchen und Spiegel, Haarnadeln und Fibeln. Damit die Seele den Fährmann über den Totenfluss bezahlen konnte, legte man den Toten eine Münze auf die Zunge. Öllämpchen sollten ihnen auf dem Weg in die ewige Finsternis leuchten. Kleine Glasfläschchen mit wohlriechenden Ölen vertrieben die Gerüche während der Verbrennung.

Wenn der Scheiterhaufen heruntergebrannt war, 3
wurde die Asche des Toten in einer Urne gesammelt. Auch die (meist zerborstenen) Grabbeigaben wurden mit in die Grube gelegt. Anschließend fand am Grab eine Totenfeier statt. Man wiederholte sie jedes Jahr, um das Andenken des Toten zu bewahren.

Die Römer verehrten nicht nur die großen antiken 4
Götter wie Jupiter, Mars, Merkur oder Venus. Sie nahmen auch zahlreiche fremde Gottheiten in ihre Tempel und in ihre Häuser auf, wenn sie sich von ihnen Hilfe und Schutz erhofften. So ist wahrscheinlich die kleine Figur der Kybele, einer orientalischen Gottheit, nach Gauting gekommen.

① Vergleiche den Totenbrauch der Römer mit dem der Bronzezeit (Kapitel „Die Bronze- und Hallstattzeit") sowie der Bajuwaren (Kapitel „Der Reihengräberfriedhof").

Kleine Figürchen der Göttin Venus aus hellem Ton.
Solche Figürchen wurden gerne als Grabbeigaben verwendet (aus Bratananium).

Unten: Brandopfergrab mit verzierter Urne (Bratananium) aus einem Grab auf dem Reismühler Feld.
Die Urne ist bereits durch den Pflug stark beschädigt. Neben der Urne die Scherben der beim Brand geborstenen Beigaben.

Oben: Weihrauchgefäß und Öllämpchen aus den Brandgräbern im Reismühler Feld.

Figur der Göttin Kybele (gefunden 1864 in Gauting)

Einige der in Gauting gefundenen Tonkrüge

Schälchen aus Ton (Bratananium)

Händler und Handwerker

1 Es gab in Bratananium verschiedene Händler und Handwerker. Sie boten ihre Waren und ihre Arbeit nicht nur den Bewohnern des Ortes an. Der Vicus war wohl auch für die Bewohner der umliegenden Gutshöfe der zentrale Einkaufsort. Auch Reisende konnten sich hier versorgen.

2 1930 wurde an der Reismühler Straße ein etwa 4 x 9 m großes Gebäude entdeckt, in dem noch etwa 200 meist unversehrte ein- und zweihenkelige Tonkrüge verschiedener Größe gefunden wurden. Da alle sichtlich von einem Hersteller stammten, ist zu vermuten, dass man auf das Verkaufslager eines Töpfers gestoßen war. Seine Werkstatt hat möglicherweise über eine bis zwei Generationen bestanden, bevor sie durch einen Brand zugrunde ging. Man hat in der Römersiedlung inzwischen noch zwei weitere Brennöfen nachweisen können.

1947 wurde in unmittelbarer Nähe das Verkaufs- 3
lager eines Geschirrhändlers aufgedeckt. Man fand mehrere tausend Scherben von Terra Sigillata-Gefäßen, dem schönen, rot glänzenden „Porzellan" der Antike. Es ließen sich größere und kleinere Schüsseln zusammensetzen, Becher in verschiedenen Formen sowie Teller. Die meisten waren reich verziert. Die Töpferstempel verrieten, dass die Ware überwiegend aus Gallien importiert worden war. Daneben gab es auch einfacheres Gebrauchsgeschirr, wie es in Rätien hergestellt wurde. Auch kleine Venus-Figürchen aus ganz hellem Ton gehörten zum Angebot des Händlers.

Terra Sigillata-Gefäße aus Bratananium

Terra Sigillata-Schüssel aus Bratananium

Kleine Auswahl von römischen Münzen, die in Gauting gefunden worden sind

4 Handwerker. Einen, der Ziegel brennen konnte, zum Beispiel. Oder einen Schmied, der alle Eisenwaren herstellte, einen Wagner, einen Zimmermann und einen Schuhmacher. Sie gehörten ohne Zweifel zur Versorgung der Menschen in einer Straßenstation. Es war wohl auch selbstverständlich, dass hier Fuhrwerke und Reisewagen repariert werden konnten.

5 In Bratananium wurden bereits viele verschiedene Münzen gefunden. Da jeder Kaiser sein eigenes Bild auf die Münze setzen ließ, weiß man genau, wann sie geprägt worden ist. Deshalb sind diese Münzen ein sehr wertvolles Hilfsmittel für genauere Zeitbestimmungen.

① Es wurden Münzen von mehreren römischen Kaisern gefunden, vor allem von Augustus (27 v. Chr. bis 14 n. Chr.), Tiberius (14–37), Vespasian (69–79), Domitian (81–96), Trajan (98–117) und Hadrian (117–138). Die letzten Münzen stammen aus der Zeit von Kaiser Constantius II. (337–361).

② Vergleiche die Aufgaben einer antiken Straßenstation mit einem modernen Einkaufszentrum sowie mit einer Autobahnraststätte von heute!

Eine Reibschüssel und kleinere Schälchen aus Bratananium

Römisches Schreibtäfelchen (Nachb.) und Schreibgriffel

Der römische Gutshof am Glasberg bei Erling (Rekonstruktion)

Die römischen Gutshöfe

1 Neben den römischen Städten und den größeren Siedlungen gab es überall noch eine Vielzahl von Gutshöfen („Villa rustica"). Sie waren fast immer als Einzelhöfe angelegt und hielten meist einen Abstand von 3 bis 4 km voneinander. Sie versorgten mit ihren Ernteüberschüssen die Bevölkerung in den Siedlungen und die Truppen in den Kastellen. Auch in der Gegend um Bratananium hat es sicher eine Anzahl von Gutshöfen gegeben. Seine Bevölkerung hätte sich wohl niemals aus eigenem Anbau ernähren können. Wir wissen nicht einmal, ob es in Gauting überhaupt landwirtschaftliche Betriebe gegeben hat.

Die Gutshöfe wurden in vielen Fällen von Veteranen (pensionierte Soldaten) bewirtschaftet. 2
Sie erhielten ein solches Gut oft nach ihrem Ausscheiden aus dem Militärdienst. Auf dem Hof lebten auch ein paar Landarbeiter, die vermutlich ihrem Herrn als Sklaven unterworfen waren.

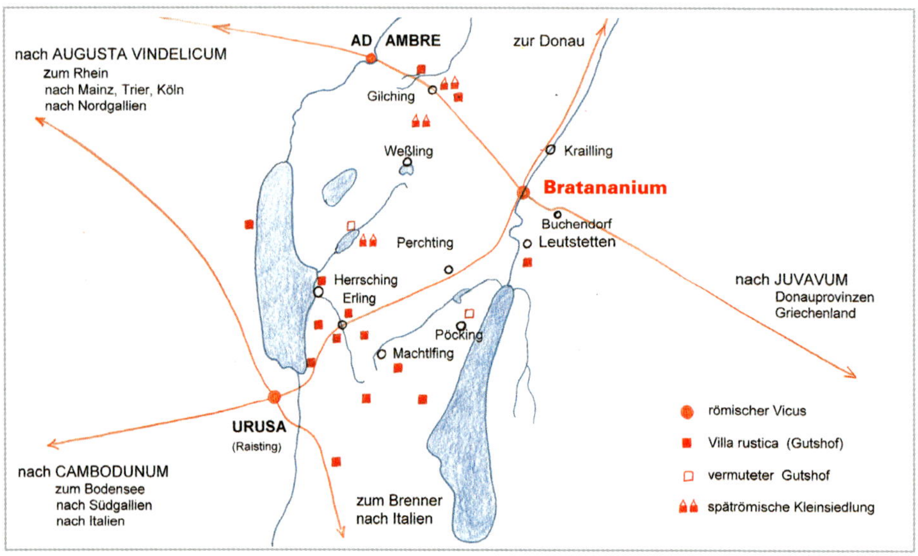

Gutshöfe und spätrömische Kleinsiedlungen im Fünf-Seen-Land

Der Gutshof (Römervilla) bei Leutstetten (Rekonstruktion)

3 Die Landhäuser waren häufig aus Tuffsteinen, in vielen Fällen auch in Fachwerk-Bauweise errichtet. Sie besaßen wenigstens einen Raum, der beheizbar war. Auch ein Bad gehörte regelmäßig dazu. Dieses lag manchmal auch außerhalb des Hauses, vielleicht an einem kleinen Bach. In einigem Abstand zur Villa befanden sich die Nebengebäude sowie der Stall für das Vieh. Diese Landvillen waren bei uns jedoch sehr bescheiden angelegt und meist auch bedeutend kleiner als vergleichbare Villen in anderen Teilen des Römerreiches.

① Bereits 1865 und 1888 hat man auf dem Glasberg bei Erling eine Villa ausgegraben, deren Bild du auf der linken Seite siehst. Diese Villa rustica hatte eine Länge von 35,5 m und eine Breite von über 11 m. Die zwei größten Wohnräume hatten eine Fläche von je 26 bis 30 qm. Auch ein größeres Bad mit Ankleideraum, Warm- und Kaltbad wurde festgestellt.

② Allein beim Bau einer Gasleitung hat man bei Gilching zwei Gutshöfe und eine spätrömische Kleinsiedlung entdeckt. Dies lässt vermuten, dass bei uns noch viele derartige Gutshöfe unentdeckt unter den Wiesen und Äckern liegen. Sie werden wohl nur durch Zufall gefunden.Vor allem auf den fruchtbaren Böden von Buchendorf, Unter- und Oberbrunn sowie Frohnloh – Pentenried könnten römische Villen existiert haben, die noch nicht entdeckt wurden.

Die Römervilla bei Leutstetten

Südlich von Leutstetten wurden im Jahre 2002 1
erstmals bei uns die Reste einer römischen Landvilla sorgfältig ausgegraben. Sie gehörte wohl zu den kleineren Gutshöfen in unserer Gegend, war aber vermutlich vollständig aus Tuffstein gebaut. Sie besaß im Erdgeschoss 10 Räume, von denen zwei mit einer Fußbodenheizung ausgestattet und mit schönen Farben dekoriert waren. Auch ein kleines Bad war im Haus eingebaut. An der Südwestecke befand sich ein gemauerter Keller. Neben dem Haus wurden Reste eines Ziegelbrennofens (oder eines Backofens?) freigelegt. Auch ein über 5 m tiefer Brunnen konnte ausgegraben werden. Seine Schachtverkleidung aus dicken Hölzern war noch sehr gut erhalten.

Es ist gut möglich, dass jener Publius Pintamus 2
und seine treue Ehefrau Clementia Popea, denen der Leutstettener Grabstein gewidmet ist, hier in dieser Villa gelebt haben. Publius Pintamus war vor seiner Pensionierung Hauptmann (decurio) einer kleinen Reitereinheit gewesen. Sein Grabstein könnte vom Begräbnisplatz der Villa am heutigen Südrand von Leutstetten stammen. Man hat dort nämlich schon 1912 ein paar römi-

Eine Terra Sigillata-Schüssel ...

... und zwei Hausschlüssel aus dem Brunnen der Römervilla

sche Brandgräber entdeckt. Publius Pintamus stammte aus dem heutigen Portugal. Ob er sich mit seiner Frau damals bei uns wohlgefühlt hat?

3 Im Brunnenschacht hat man neben anderen Scherben eine wundervolle Terra Sigillata-Schüssel gefunden, die offensichtlich kaum in Gebrauch gewesen ist. Sie trägt den Stempel des Töpfers „Cinnamus" und ist in Mittelgallien hergestellt worden. Auch zwei sehr schöne Hausschlüssel und die Reste einer Schreibtafel wurden geborgen.

4 Die Grabung hat keine besonderen Hinweise erbracht, dass das Haus zu der Zeit, in der es noch von den Römern bewohnt war, durch Zerstörung oder durch einen Brand untergegangen ist. Es sieht so aus, als hätten die letzten Bewohner das Haus aus Angst vor den Überfällen der Markomannen verlassen und alles mitgenommen.

① Die Villa in Leutstetten hatte die Ausmaße 22 m x 16 m. Die Grabung hat ergeben, dass sie einmal auf der Nordseite sowie auf der Südseite angebaut worden ist.

② Als die Leutstettener im Mittelalter die verfallene Villa fanden, transportierten sie alles ab, was sie brauchen konnten. Vor allem die sorgfältig behauenen Tuffsteine. Sie haben teilweise sogar die Fundamente ausgegraben. Vielleicht haben sie die Steine beim Bau der Karlsburg verwendet. Möglicherweise haben sie auch ihre erste Kirche damit gebaut.

③ Zum Grabstein des Pintamus erfährst du mehr im Kapitel: „Der römische Friedhof"!

Die Bodenheizung (Hypocaustum) der Römervilla

Ein kleiner Deckel aus dem Brunnenschacht der Römervilla

Das Ende von Bratananium

1 Die Blütezeit von Bratananium fiel vermutlich in das 1. und 2. Jahrhundert n. Chr., wobei die Zeit von ca. 70 – 140 n. Chr. wohl besonders glücklich gewesen ist. Über das weitere Schicksal unserer Siedlung können wir noch keine zuverlässigen Aussagen machen. Man hat zwar festgestellt, dass es innerhalb der ersten Jahrzehnte des 2. Jahrhunderts größere Brände im Ort gegeben hat. Wir wissen jedoch nichts über die Ursachen und die Folgen dieser Brandkatastrophen.

2 Gegen Ende des 2. Jahrhunderts erlebte die Provinz Raetien eine Reihe von Überfällen durch die Markomannen. Diese drangen über die Donau hinweg tief in das Land ein und plünderten und zerstörten viele Siedlungen. Auch in der ersten Hälfte des 3. Jahrhunderts kam es wieder zu Überfällen, diesmal hauptsächlich durch die Alemannen. Auch hier ist nicht zu sagen, wie weit unser Bratananium davon betroffen war.

Die gute Lage an der Kreuzung zweier wichtiger Römerstraßen und die Bedeutung als Versorgungsstation war für die Bewohner wohl immer wieder ein Grund, nach solchen Rückschlägen weiterzumachen. Funde von spätrömischen Münzen lassen vermuten, dass das Leben hier noch etwa bis 350 n. Chr. in sehr bescheidenen Formen weitergegangen ist. 3

Der größte Teil der römischen Bevölkerung hatte zu dieser Zeit Raetien wohl schon verlassen. Auch die meisten Gutshöfe waren vermutlich bereits aufgegeben. Ein paar römische Familien zogen sich in kleine Siedlungen zurück, die sie mit Palisaden umgaben, um sich ein wenig vor den Feinden zu schützen. Die Siedlung im Mischenrieder Wald, zwischen Weßling und Gilching gelegen, mag damals entstanden sein. Sie hat vermutlich von etwa 300 bis kurz nach 400 n. Chr. existiert. 4

Die spätrömische Siedlung im Mischenrieder Wald (zwischen Weßling und Gilching, Rekonstruktion)

Das Dorf der Bajuwaren

1 Nachdem die Römer die Provinzen nördlich der Alpen verlassen hatten, war unsere Heimat über mehr als ein Jahrhundert vermutlich weitgehend menschenleer. Eine ungeheuere Unruhe erfasste in dieser Zeit die Völker Europas. Alle suchten in den Trümmern des Römerreiches nach einem neuen, womöglich besseren Lebensraum. Viele verließen ihre Wohnsitze mit Kind und Kegel und zogen in eine neue Heimat.

2 Um 500 n.Chr. etwa kamen auch unsere Vorfahren von Böhmen herüber in das Land südlich der Donau. Man nimmt heute an, dass es verschiedene kleinere Stämme gewesen sind, die sich hier niederließen und allmählich zum Volk der Bajuwaren zusammenwuchsen. Vom Donauraum aus drangen sie langsam entlang der Flusstäler von Inn, Isar und Lech nach Süden vor.

3 Ihre ersten Siedlungen erkennt man noch heute an der typischen „ing"-Endung. „Bei Gudo und seinen Leuten" nannte man die neue Siedlung an der Würm. Dieser Name hat in den Urkunden noch viele Wandlungen durchgemacht (Goutinga, Gutingon, Guttingen, Gauttingen), bis unser heutiges „Gauting" daraus geworden ist.

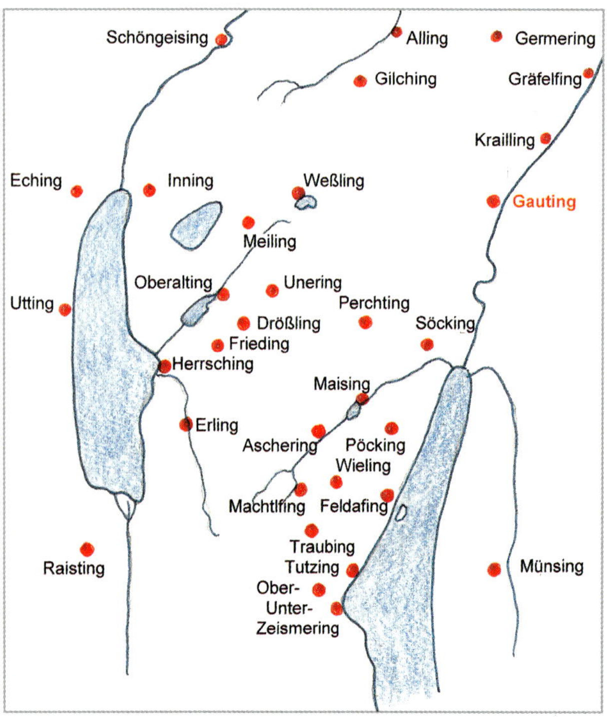

Die „ing"-Orte im Fünf-Seen-Land

Dieser Gudo, der sich vielleicht auch Godo, Cotto 4
oder Gutho nannte, war wohl der Anführer der Gruppe, die sich hier niederließ. Diesem Gudo und seinen Leuten war der Platz vermutlich von den hochadeligen Stammesfürsten zugewiesen worden, denen sie untertan waren.

Das Würmtal gehörte auch jetzt wieder zu den 5
wichtigsten Siedlungsgebieten. Wie Perlen auf einer Kette reihen sich die „ing"-Orte am Flusslauf: Menzing, Pipping, Pasing, Gräfelfing, Krailling, Gauting. Auch das alte Kulturland zwischen Starnberger See und Ammersee (siehe Bronzezeit, Römerzeit) bot offenbar sehr gute Voraussetzungen. Ungewöhnlich dicht liegen hier, wie die Karte zeigt, die ersten Ortsgründungen beisammen.

Unser Gauting wird etwa im späten 6. Jahrhun- 6
dert gegründet worden sein. Anlass, hier zu siedeln, war zweifellos das frische Wasser der Würm. Entscheidend war wohl auch wieder der Umstand, dass an dieser Stelle zwei Geländerampen (Bahnhofberg, Buchendorfer Berg) gegenüberliegen. Auf ihnen konnte man mit Fuhrwerken die Ackerflächen auf den Hochufern erreichen. Nicht zuletzt waren die schon von den Kelten und Römern kultivierten Flächen leicht wieder zu roden und unter den Pflug zu nehmen. Von großer Bedeutung war sicher auch der sehr gute Zustand der alten Römerstraßen. Sie waren zu dieser Zeit von höchstem Wert, sowohl für die Siedler wie für den Handel und die Verwaltung des Landes.

① Andere Gründer von Siedlungen hießen: Gilticho, Secco, Becco, Chrouwilo, Grefolf, Paoso, Wezzelo, Germar. Wie heißen ihre Orte heute?

Die junge Siedlung Gauting war vermutlich am 7
unteren Bahnhofberg, also im Umkreis um das Rathaus und den Hauptplatz entstanden. Eine

zweite, vielleicht auch etwas spätere Gruppe von Höfen bildete sich dort, wo heute die Pfarrkirche St. Benedikt steht. Ein solcher Siedlungskern bestand aus 3 bis 4 Höfen, so dass wir uns das bajuwarische Gauting um 600 n.Chr. als einen Ort mit 6 bis 10 Familien und etwa 30 bis 40 Einwohnern vorzustellen haben.

8 Die Häuser der bajuwarischen Siedler setzten etwa die Bauweise fort, die wir von den Kelten her kennen. Sie waren freilich meilenweit vom technischen Stand und der Ausstattung der römischen Häuser entfernt!

9 Das Grundgerüst eines Hauses bestand aus starken Pfostenreihen, die mit Querbalken verbunden waren. Darauf wurde eine stabile Dachkonstruktion gesetzt, die das dichte Strohdach oder das Schindeldach trug. Die Wände (von „winden") wurden aus Flechtwerk erstellt und mit Lehm verputzt. Später wurden die Außenwände auch aus Balken gebildet, in sogenannter Blockbauweise also.

Das geräumige Haus war in Wohnhaus und Stall 10
unterteilt. Fenster gab es vermutlich keine. Die Räume wurden anfangs nur über die offene Tür, die Rauchöffnung am Giebel und durch das Herdfeuer belichtet. Für dieses gab es einen Steinherd in der Mitte des Raumes. Der Rauch zog über die Rauchöffnung am Giebel ab. Ob es schon eigene Schlafräume gab, ist ungewiss.

Ein wichtiges Nebengebäude war der auf Stüt- 11
zen gebaute Getreidekasten für die Erntevorräte. Der kleine Keller bestand aus einer Erdgrube mit einem Dach darüber. Das Bild unten zeigt dir, wie das bajuwarische Dorf ausgesehen haben könnte. Du kannst verschiedene Varianten des Hausbaus erkennen.

So etwa könnte die bajuwarische Siedlung Gauting ausgesehen haben (Rekonstruktion).

Der Reihengräber-Friedhof

1 Viel von dem, was wir über die Bajuwaren wissen, haben wir aus ihren Friedhöfen erfahren. Sie beerdigten nämlich ihre Toten nach der Sitte der Ahnen mit ihrer Habe. Die Männer bekamen ihre Waffen und Geräte mit, ihre Äxte, Speere, Dolche, Schilde und Langschwerter. Die Frauen ihren Schmuck. Aus diesen Beigaben kann man erkennen, dass diese ersten Siedler keineswegs „arme Leute" waren. Sogar reichen Goldschmuck hat man in bajuwarischen Gräbern gefunden! Die Beigaben beweisen auch, dass unsere Vorfahren noch heidnisch waren.

2 Sie bestatteten ihre Toten am Rande der Siedlung, womöglich auf einem Hang, und betteten sie mit dem Blick zur aufgehenden Sonne. Weil damit alle Gräber parallel angelegt waren, spricht man von Reihengräbern. Der Gautinger Reihengräber-Friedhof wurde zum großen Teil schon 1865 aufgedeckt und dabei zerstört. Er lag westlich der Römerstraße, zwischen Evangelischer Kirche und Café Krapf. Leider sind nur sehr wenige Funde aus den 200 bis 300 Gräbern erhalten.

Gauting hat sich in der Folgezeit zu einem der 3
größten Dörfer der Umgebung entwickelt. Schon das Fürstengeschlecht der Agilolfinger (die ersten Herzöge des Landes) hatte sich in Gauting und Umgebung Besitz vorbehalten, die riesigen Wälder ringsum vor allem. Sie gehören noch heute dem Bayerischen Staat. Die Fürstin Kysila, eine Schwester von Kaiser Karl dem Großen, konnte um 800 große Teile aus diesem Besitz (Königsgut) sowie die Kirchen von Gauting, Buchendorf und Leutstetten dem Kloster Benediktbeuern schenken.

① Der Platz zwischen Evangelischer Kirche, Café Krapf und Sparkasse hieß früher „Pfingstmittwochbühel", weil hier immer am Mittwoch nach Pfingsten ein großer Markt abgehalten wurde.

② Zum Thema „Königsgut" kannst du in den Kapiteln Reismühle, Königswiesen und Karlsburg mehr erfahren.

Als die Bajuwaren um 700 n. Chr. zum Christen- 4
tum bekehrt wurden, beendeten sie die Sitte, die Toten mit Beigaben zu bestatten. Nun wurden auch die ersten kleinen Kirchen erbaut. In Gauting die Kirche St. Benedikt, vielleicht auch schon

Bajuwarisches Ehepaar vor dem Haus (mit Flechtwerkwand, Lehmputz und Strohdach)

Gürtelgarnitur (Silber, vergoldet) aus einem Grab des bajuwarischen Adelsfriedhofs in Herrsching

die Frauenkirche. Vielleicht wurden gerade hier, an den Friedhof der heidnischen Vorfahren anschließend, die ersten Christen beerdigt. Möglich auch, dass hier der Friedhof des Dorfadels lag, wie später der der Schlossherren von Fußberg.

5 In Herrsching hat man vor einigen Jahren einen solchen kleinen Adelsfriedhof erforschen können. Es waren vermutlich sogar Angehörige des Hochadels, die hier ihre Grabstätten hatten. Die Beigaben waren ungewöhnlich reich. Die Frauen waren mit Gewändern bekleidet, die mit Goldfäden verziert waren. Ein Männergrab enthielt eine prachtvolle Gürtelgarnitur aus vergoldeten Silberbeschlägen. Zwischen den Gräbern konnten die Spuren der ersten Holzkirche und der nachfolgenden Steinkirche gesichert werden. An den Friedhof anschließend lag das Wohngebäude. Und hochinteressant: Es war auf den Resten einer römischen Landvilla errichtet!

① Im Kapitel über Buchendorf kannst du sehen, wie sich unsere Kirchenbauten bis zu ihrer heutigen Form und Größe entwickelt haben.

② In Herrsching wurde die kleine Kirche der Bajuwaren an der originalen Stelle nachgebaut. Sie kann auf dem erweiterten Teil des Herrschinger Friedhofs besichtigt werden.

Erste bajuwarische Steinkirche mit Adelsfriedhof und Wohnhaus in Herrsching (Rekonstruktion)

Spätere Ortsgründungen

1 Einige Jahrzehnte später hatte sich das Bajuwarendorf bereits gut entwickelt. Die Ernten wurden immer besser, das Vieh gedieh prächtig. Ein Leben voll harter, entbehrungsreicher Arbeit hatte sich gelohnt. Bald wuchs die Bevölkerung so stark an, dass es eng wurde im Dorf. Deshalb befahlen die Herren, denen die Bevölkerung in Gauting untertan war, in einiger Entfernung neue Siedlungen zu gründen.

2 Wieder folgten viele Jahre härtester Arbeit. Zunächst musste vermutlich Wald gerodet werden. Dann wurden Wege angelegt und Häuser gebaut. Jetzt erst konnten sich junge Familien in der neuen Siedlung niederlassen. Sie waren aber noch viele Jahre vom alten Dorf abhängig, bis ihre Felder genug Ernte trugen.

3 Diese neuen Siedlungen des 7. und 8. Jahrhunderts nennt man „Ausbausiedlungen". Man erkennt sie sofort an der Namensform. Ihre Ortsnamen enden auf -dorf, -statt, -brunn, -hofen. Buchendorf, Unter- und Oberbrunn gehören wohl als erste Neugründungen dazu, dann auch Stockdorf und Leutstetten. Ein wenig später Königswiesen und Hausen.

4 Nach einigen weiteren hundert Jahren, im 11. und 12. Jahrhundert, gab es noch einmal eine Welle von Neugründungen (Ortsnamen auf -loh, -ried, -reut, -lach). In diese Zeit gehört die Gründung von Frohnloh, Pentenried, Kreuzing, Hüll, Neuried, Forstenried und Rieden bei Mühltal. Diese Siedlungen haben aber nur noch kleine Feldfluren mitbekommen. Deshalb haben sie nie über die Größe eines Weilers hinauswachsen können.

① Auf der nebenstehenden Karte kannst du gut sehen, wie manche Siedlungen aus dem Wald herausgerodet wurden (Buchendorf, Hanfeld, Frohnloh, Königswiesen). Die meisten Dörfer waren vor 200 Jahren noch durch Wälder voneinander getrennt.

Ausbausiedlungen und Rodungsorte um Gauting

② Suche auf der Landkreiskarte noch weitere Orte mit den oben genannten Endungen! Ordne sie den verschiedenen Siedlungsperioden zu!

Rechte Seite:
Oberes Würmtal, Mühltal und Leutstettener Moos.
Karte um 1818

BRUNNER FORST
Römer Strasse
Stockdorf
Frohnloch
Bentenried
Gaubmühle
Stockdorfer Hart
Schloss
Gauting
Buchendorf
Unter Brunn
Ober Brunn
Abdecker
Reitmühle
Königswiesen
Königswiesner Holz
Heiligberger Buchet
Hausen
FORSTEN
alter Schloß
Mamhofen
Carlsburg
Mühlthal
Leutstetten
Hanfeld
Rieden
Petersbrunn
Hahnlaschen
Höllberg
Birken See
in der Murn Au
Wangen
Söcking
Starnberg
Percha
Schloss
Chaussee
Weilheim nach München
Kempfenhausen

Die Grafen von Andechs

1 Die Grafen von Andechs gehörten im hohen Mittelalter (11.–13. Jahrhundert) zu den mächtigsten und bedeutendsten Adelsgeschlechtern in Europa. Sie hatten nicht nur riesigen Besitz in ihrer Heimat, sondern auch in Franken, in der Gegend um Bamberg. Sie beherrschten den wichtigen Brennerpass und das Inntal, wo sie die Stadt Innsbruck gründeten. Auf Grund ihres gewaltigen Landbesitzes an der nördlichen Adria wurden sie zu Herzögen von Meranien ernannt.

2 Das Herzstück ihrer Herrschaft war jedoch das Land zwischen Ammersee und Isar, im Umkreis ihrer Burg Andechs also. In den Dörfern, die ihnen gehörten (z. B. Unter- und Oberbrunn), saßen ihre Verwalter, Ministerialen genannt. Sie waren das Schwertgefolge (Ritter) der Grafen und durften Waffen tragen. Sie zogen mit ihnen ins Feld und waren als Zeugen bei allen Amtsgeschäften anwesend. Andechser Ministerialen saßen z. B. in Unter- und Oberbrunn, in Frieding, Drößling oder Machtlfing. Ministerialen der Wittelsbacher gab es in Fußberg bei Gauting, in Königswiesen und auf der Karlsburg.

3 Die Grafen von Andechs waren sehr fromme Leute. Viele von ihnen wurden Bischöfe, Äbte und Äbtissinnen. Einige werden noch heute verehrt, wie der selige Rasso (genannt Graf Rath, der Gründer des Klosters Grafrath) oder die selige Mechtild von Dießen. Einige sind sogar Heilige geworden, wie die hl. Hedwig von Schlesien oder die hl. Elisabeth, Deutschlands wohl berühmteste Heilige. Sie sind alle auf dem Deckenbild der Dießener Klosterkirche dargestellt.

4 Die Grafen von Andechs gründeten und bauten viele Kirchen und Klöster. Ihr eindrucksvollstes Werk aber ist der mächtige Bamberger Dom, eine der bedeutendsten romanischen Kathedralen in Deutschland. Aber auch in unserer Heimat bauten sie viele Kirchen. Meist weihten sie diese dann ihrem Schutzpatron, dem hl. Nikolaus. So die Burgkapelle St. Nikolaus auf der Burg Andechs, die Kirchen in Frohnloh, Kreuzing, Etterschlag, Argelsried, Herrsching oder Oberzeismering. Sie beschenkten ihre Gründungen großzügig mit Grundbesitz. Besonders ihr Hauskloster Dießen wurde überreich mit Gütern ausgestattet. In Unterbrunn z. B. bekam das Kloster 11 Höfe. Das war fast das halbe Dorf!

5 Aber das Ende der Andechser kam schnell und grausam. Sie wurden beschuldigt, 1208 an der Ermordung des Königs (Philipp von Schwaben) beteiligt gewesen zu sein. Sie wurden geächtet und verloren viele Besitzungen und Rechte. Obwohl sie ihre Unschuld beweisen konnten, wur-

Die Familie des Grafen Berthold IV. und seiner Frau Agnes. Alle Dargestellten wurden berühmte Persönlichkeiten.
Von links: Die hl. Elisabeth von Thüringen; ihre Mutter Gertrud, Königin von Ungarn; Agnes, Königin von Frankreich; die hl. Hedwig, Herzogin von Schlesien; zu Füßen Mechtild, Äbtissin des Klosters Kitzingen. Rechts die Söhne: Berthold V., Patriarch von Aquileja; Ekbert, Bischof von Bamberg und Erbauer des Doms; Otto VII., Pfalzgraf von Burgund.

„Ein Maus zeigt durch den Zettel an,
Wo man das Heilthum finden kann."

„Nach hundert neun und fünfzig Jahr
Der Schatz noch unversehret war."

Die Bilder zeigen, wie der Schatz gefunden wurde

den viele ihrer Burgen in den folgenden Kämpfen mit den Wittelsbachern, den bayerischen Herzögen, zerstört: Andechs, Starnberg, Delling, Wolfratshausen. 1248 starb der letzte Andechser kinderlos. Der bayerische Herzog übernahm viele ihrer Besitzungen. Das Fünf-Seen-Land, die alte Grafschaft Andechs, wurde nun von Beamten des Herzogs verwaltet (Gerichte Weilheim und Starnberg).

Der Schatz der Grafen

1 Als die Burg Andechs zerstört wurde, blieb vermutlich nur noch die alte Burgkapelle St. Nikolaus erhalten. Der Legende nach sah der Priester, der dort gelegentlich die Messe las, eines Tages eine Maus mit einem Stück Pergament. Das konnte nur von einer Urkunde oder einer alten Handschrift stammen! Als man daraufhin am 26. Mai 1388 die steinernen Altarstufen entfernte, machte man einen Aufsehen erregenden Fund. Man entdeckte eine große, mit Eisen beschlagene Truhe. Sie enthielt den Schatz der Grafen von Andechs!

2 Dieser Schatz war eine ungeheuere Kostbarkeit, auch wenn er keine Goldmünzen und keine Kronen und Juwelen enthielt. In der Truhe lagen zahlreichen Heiltümer, welche die Grafen gesammelt hatten. Das waren wundertätige Reliquien von Heiligen und Erinnerungen aus dem Heiligen Land. Darunter befanden sich zum Beispiel die Stola des hl. Nikolaus, das Brautkleid der hl. Elisabeth und drei von den großen Päpsten Gregor und Leo IX. geweihte Hostien.

Die Menschen verehrten im Mittelalter solche 3
Heiltümer ganz besonders, weil sie sich von ihnen in ihrer Not Hilfe und Heilung erhofften.

Die Monstranz mit den drei heiligen Hostien

Das Kloster Andechs (Kupferstich von Michael Wening, um 1700)

4 Man hatte schon damals kostbare Gefäße geschaffen, um sie aufbewahren und den Gläubigen zeigen zu können. Sie zählen zu den schönsten Goldschmiedearbeiten des Mittelalters. In der „Heiligen Kapelle“ (der ehemaligen Burgkapelle), die an die Wallfahrtskirche angebaut ist, werden sie bis auf den heutigen Tag aufbewahrt.

Das Kloster Andechs

1 Dieser Schatz wurde in den folgenden Jahrzehnten von Tausenden von Pilgern aufgesucht und verehrt. Deshalb beschloss Herzog Ernst, ein Kloster auf dem alten Burgberg zu gründen. Sein Sohn, Herzog Albrecht III., holte dafür 1455 sieben Benediktiner-Mönche aus dem Kloster Tegernsee. Gleichzeitig ließ er die um 1420/25 errichtete gotische Klosterkirche und die Klostergebäude weiter ausbauen.

2 Zum 300-jährigen Jubiläum 1755 beschlossen die Mönche, die Wallfahrtskirche von Grund auf neu und im Stil der Zeit ausgestalten zu lassen. Johann Baptist Zimmermann, einer der berühmtesten bayerischen Künstler des Rokoko, überzog die gotischen Gewölbe mit einer wundervollen Dekoration (Stuck und Fresken) und verwandelte den dunklen und strengen gotischen Raum in einen heiteren, strahlenden Festsaal des Rokoko. Für die spätgotische Muttergottes mit dem Jesukind (1468) wurde ein neuer goldglänzender Altar geschaffen. Eine zweite, stehende Marienfigur erhielt einen eigenen Altar auf der Empore. Die Andechser Wallfahrtskirche verfügt seitdem über einen Doppelaltar. Seitlich stehen die Figuren des hl. Nikolaus, des Patrons der Andechser, und der hl. Elisabeth.

Hinten, unter der Orgelempore, kann man durch 3
ein Fenster in das Wachsgewölbe schauen. Hier werden über 250 reich geschmückte, große Wachskerzen der umliegenden Dörfer aufbewahrt. Sie wurden früher von den Pilgern während der Messe angezündet. In einer Seitenkapelle ist der berühmte Komponist Carl Orff begraben. Er hat neben seinen großen Werken auch viele Stücke für die Schulkinder geschrieben (Orff-Schulwerk).

Die schöne Klosterkirche und die ehrwürdigen 4
Heiltümer halten noch heute die Erinnerung an die Andechser Grafen wach. Tausende von Pilgern kommen alljährlich zum „Heiligen Berg“. Viele Menschen empfinden ihn als das Herz des Fünf-Seen-Landes.

Deckenfresko über dem Hauptaltar (Selige und Heilige aus dem Geschlecht der Andechser scharen sich um die Dreihostienmonstranz

Deckenfresko mit dem Auferstandenen

Blick auf den Chor der Klosterkirche

Der Festsaal des Klosters (ehemalige Bibliothek)

Kloster Andechs, von Osten gesehen

So etwa könnte die Karlsburg ausgesehen haben (Rekonstruktion)

Auf dem Karlsberg

1 Der Karlsberg ist in der Würm-Eiszeit entstanden, als das Schmelzwasser hier mit Gewalt durch die Moränenkette brach. Er ist auf drei Seiten ungewöhnlich steil und zwingt die Würm zu einem starken Bogen. Deshalb hat man ihn schon früh als idealen Standort für eine Verteidigungsanlage entdeckt. Vielleicht stand schon in der Bronzezeit hier oben eine kleine Wehrburg.

Der Karlsberg und die Obere Mühle (Lithographie um 1812/15)

Wann im Mittelalter die erste Anlage gebaut wurde, lässt sich leider nicht sagen. Die Urkunden sprechen erst um 1170 von einer „Burg auf dem Karlsberg".

Sie war damals im Besitz der Wittelsbacher, der 2
späteren bayerischen Herzöge. 1172 hat Pfalzgraf Otto hier mit großem Gefolge das Pfingstfest verbracht. Bewacht wurde die Burg von ihren Ministerialen, den Rittern Fuß, die dann in Gauting die Burg Fußberg errichteten.

Die Grafen von Andechs waren ihre großen Kon- 3
kurrenten um die Macht in Bayern. Sie hatten nicht weit vom Karlsberg entfernt ihre wehrhafte Starnberger Burg aufgerichtet. Von dort ließen sie die Wittelsbacher auf der Karlsburg nicht aus den Augen.

Als die Andechser 1248 ausstarben, war dieses 4
Ringen um die Herrschaft in Bayern jedoch zu Ende. Die Burg hatte damit ihre Hauptaufgabe verloren und wurde in den folgenden Jahrzehnten nur noch für große Jagden in den umliegenden Wäldern genutzt. Um 1315 wurde sie in ei-

nem Krieg stark beschädigt. Sie wurde nicht mehr instand gesetzt und verfiel. Die starken Mauern wurden nach und nach abgetragen und die Steine anderswo zum Bauen verwendet. Der Überlieferung nach wurde auch das Schloss Leutstetten 1565 mit Steinen der Karlsburg errichtet.

5 Um 1790 waren von der Burg nur noch der Torbau mit dem Portal sowie der Rest eines Rundturmes vorhanden. Heute sind nur mehr einige Reste der Rundtürme sowie ein Stück Grundmauer auf der Nordseite sichtbar. Wie die Reismühle wurde in der Überlieferung auch die Karlsburg als Geburtsstätte Karls des Großen bezeichnet.

① Zur Sage von der „Geburt Karls des Großen" lies im Kapitel „Reismühle" nach. Warum wohl hat die Sage versucht, die Geburt des Kaisers auf die Karlsburg zu verlegen?

② Die beiden „Mühlen unter dem Karlsberg" dienten wohl der Versorgung der Burg. Sie sind bereits im frühen 13. Jahrhundert urkundlich erwähnt!

③ Durch Grabungen um 1835 konnte man die Ausmaße der Burg rekonstruieren. Ihre Länge betrug etwa 110 m, die Breite ca. 65 m. Die 2 bis 3 m starken Mauern waren mit Rundtürmen verstärkt und oben mit einem hölzernen, überdeckten Wehrgang versehen. In der Südostecke befand sich der etwa 8 x 8 Meter starke Hauptturm (Bergfried), daneben der Wohnbau. Die Burg war zusätzlich durch tiefe Gräben und durch Wälle mit Palisaden gesichert. Der Bergrücken war östlich der Burg durch zwei sehr tiefe und steile Gräben unterbrochen. Dieses Grabensystem ist heute noch gut erkennbar.

Der Schlösslberg

Bevor die Würm die ehemals zur Papierfabrik Gauting gehörige „Holzschleif" erreicht, macht sie einen starken Bogen, fast eine Kehre um einen steilen Höhenrücken herum. Auch bei diesem hat man bereits im Mittelalter die gute Eignung für eine kleine Verteidigungsanlage erkannt. Sie wird allgemein als „Schlösslberg" bezeichnet, obwohl hier natürlich nie ein Schloss existierte. 1

Die Anlage diente vermutlich zusammen mit der Karlsburg zur Absicherung des Würmtals und des wichtigen Handelsweges, welcher der Würm folgte. Die kleine burgartige Fläche wird auf allen Seiten durch Wälle und Gräben geschützt. Mauern standen hier oben jedoch sicher keine. Vom Bergrücken wird sie, wie auch die Karlsburg, durch einen tiefen, steilen Graben abgetrennt. Auch hier sind die Wälle sicher mit Palisaden verstärkt gewesen. Auf dem jenseitigen Ufer befindet sich ein kleines „Vorwerk". 2

① Bevor die „Holzschleif", die Zellstoff für die Papierherstellung lieferte, eingerichtet wurde, stand hier seit Anfang des 19. Jahrhunderts eine Pulverfabrik. In ihr wurde das Schwarzpulver zum Bau des St.-Gotthard-Tunnels in der Schweiz hergestellt. Es soll hier einige Male zu Explosionen gekommen sein. Gleichzeitig mit dem Bau des Gautinger Elektrizitätswerkes wurde auch hier ein E-Werk eingerichtet.

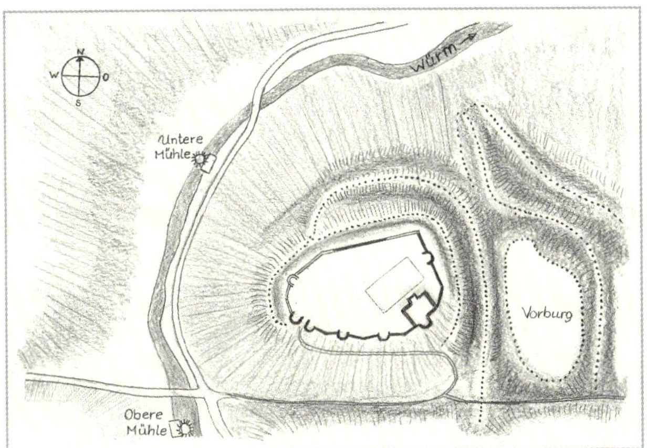

Lageplan der Karlsburg (Rekonstruktion)

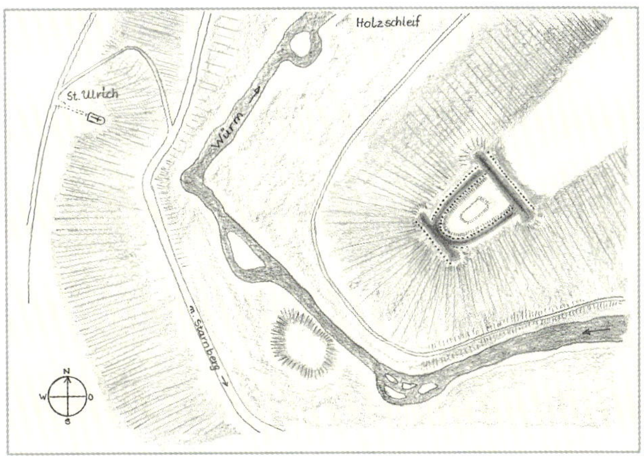

Lageplan des Schlösslberges

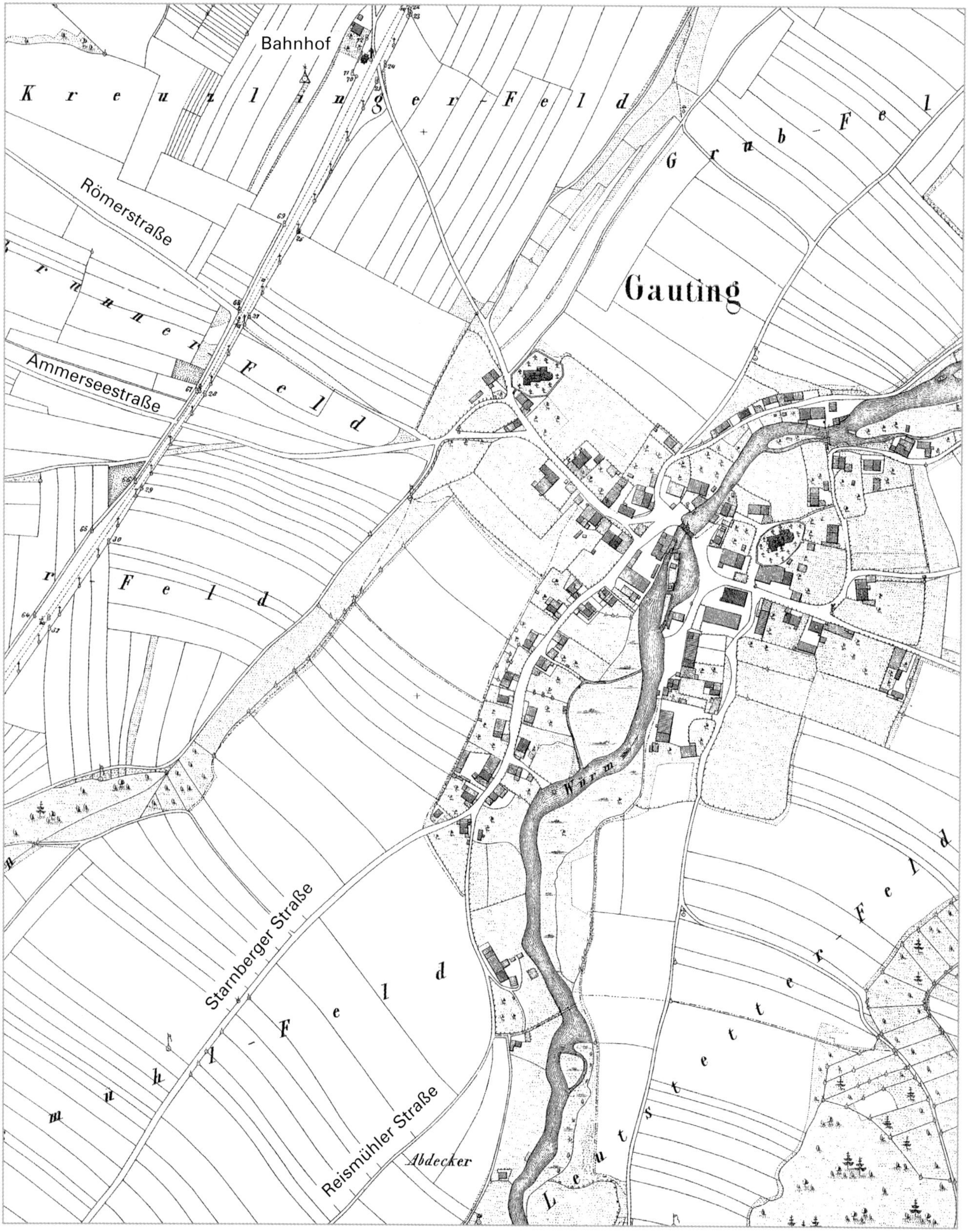

Das Bauerndorf Gauting, Flurkarte 1863

Gauting war einmal ein Bauerndorf

1 Wenn man heute durch den Ort geht, sieht man nur noch an wenigen Stellen, dass Gauting einmal ein Bauerndorf war. Von der kleinen bajuwarischen Ursiedlung hatte es sich über viele Jahrhunderte zu einem der größten Dörfer im Landkreis entwickelt. Aber anders als Buchendorf oder Unterbrunn war Gauting am Ende überwiegend von Bauernhöfen mit nur geringem Grundbesitz geprägt. Es gab hier also weit mehr „kleine Leute" als wohlhabende Bauern.

2 Ihre bescheidenen Bauernhäuser beherrschten noch vor hundert Jahren das Ortsbild. Sie standen in dichter Reihe an der Straße, von einem engen Hofraum und einem kleinen Garten umgeben. Der reichte meist nur für ein paar Obstbäume, für ein paar Beete mit Kräutern und Blumen. Das Gemüse wurde auf einem kleinen Ackerstück (sog. Krautäcker) draußen vor dem Dorf angebaut. Im Stall stand nur wenig Vieh, oft nur eine Kuh oder ein Zugochse, ein paar Schweine oder Ziegen sowie ein paar Hühner.

3 Du kannst diese kleinen Höfe auf dem nebenstehenden Plan gut erkennen (besonders beidseits der heutigen „Starnberger Straße"). Vergleiche einmal damit die Höfe im Umkreis der Pfarrkirche St. Benedikt! Die meisten Häuser besaßen nur enge, kleine Räume und waren sehr einfach, oft sogar ärmlich ausgestattet: Eine dunkle, rußige Küche, ein kleines Stübchen mit einem Kachelofen. Im Obergeschoss ein paar einfache, im Winter oft nicht heizbare Schlafkammern. Es gab kein Bad, und das Klo war außerhalb des Hauses.

Das Leben dieser Kleinbauern war meist sehr, 4
sehr hart und reich an Entbehrungen. Die Not und die Angst vor Rückschlägen begleiteten sie durch das ganze Leben. Die „Häusler", wie sie von den größeren Bauern gerne genannt wurden, konnten vom Ertrag ihres Hofes meist nicht leben. Um ihre Familie ernähren zu können, mussten sie deshalb oft noch bei den Großbauern als Tagelöhner arbeiten oder ein Handwerk ausüben.

Da gab es nicht nur die wichtigsten Handwerker, 5
wie den Schmied, den Schreiner, den Wagner, den Schuster oder den Schneider. In fast jedem größeren Dorf gab es diese Handwerker, die das meiste von dem, was der Bauer brauchte, herstellen oder reparieren konnten. In Gauting fanden sich darüber hinaus auch noch seltenere Berufe wie Glaser, Sattler, Lederer, Schäffler, Fischer, Metzger, Maler, Rechen- und Siebmacher oder Wachszieher. Unser Ort war also schon damals ein Einkaufszentrum für die umliegenden Orte. Manche Berufe wurden über einige Generationen ausgeübt, so dass der Hof einen entsprechenden Hausnamen erhielt. In der Gautinger Einwohnerliste von 1804 (ohne die 16 Höfe, die zur Hofmark Fußberg gehörten) ist das anschaulich überliefert:

Die alte Dorfmühle am Hauptplatz (Foto um 1900)

Das „Graser-Gütl", an der Stelle der heutigen Sparkasse

	Hausname		Hausname
Peter Vötter	beim Schusterpeterl	Georg Reulle	beim Metzger
Jakob Kraus	Wirt	Johann Dirlitzer	Kramer
Jakob Königl	Hießbauer	Georg Krill	Metzger
Thomas Dietl	Bruckenmüller	Josef Oswald	Wagner
Anton Hoffmann	Kaushiesl	Ruedorfer	Schuller
Johann Seitz	Plempl	Josef Seitz	Jungbauer
Matthias Schmauz	Krötzlmathieß	Josef Lochner	Kirchenschneider
Andrei Holzweger	Fischerhansl	Lorenz Dillitzer	Kramer
Michl Ried	Widnbauer	Anton Saal	Bader
Johann Üblhör	Hechenrieder	Simon Gröbl	Weber
Franz Schmidt	Pölzl	Kaspar Bindl	Bibl
Anton Schröfl	Schuhmacher	Georg Hoffmann	Hansgörgl
Chrisostomus Werner	Lederer	Georg Dellinger	Hirsch
Georg Holzmüller	Müller	Johann Gerbl	Fischer
Anton Rottenbaur	Schäffler	Michel Kracher	Reismüller
Georg Wöhrl	Butl	Nikolaus Heck	Klausensattler
Georg Kleißl	Sauschneider	Mathias Hötzl	Voglhiesl
Thomas Klopfer	Oberkistler	Anton Permoser	Wasenmeister
		Leonhard Locher	Bruckenliendl

6 Auch den Krämer und den Metzger gab es schon im Dorf. Der Bader verfügte nicht nur über eine „Badstuben". Er war zugleich auch „Wundarzt" und „Zahnarzt" und versorgte die Leute so gut es eben ging. Der „Abdecker" oder „Wasenmeister" hatte die Aufgabe, tote Tiere zu beseitigen und soweit wie möglich zu verwerten (Felle für den Lederer, Knochen und Fett für den Seifensieder usw.). Weil sein Handwerk oft üble Gerüche verursachte und als nicht besonders ehrenwert galt, hatte er sein Haus weit draußen vor dem Dorf, etwa beim heutigen Schwimmbad.

7 Es gab im Dorf freilich ein paar wenige, die durchaus wohlhabend waren, die großen Bauern, der Wirt und der Müller zum Beispiel. Die Würm war ja ein Fluss, der für Mühlen gut geeignet war (Grubmühle, Reismühle). Die Dorfmühle am Hauptplatz und der Gasthof zur Post waren entsprechend die größten Gebäude in der Ortsmitte. Sie besaßen sogar mehrere, vom Wohnhaus getrennte Nebengebäude, einen großen Stall für das Vieh und die Pferde sowie eine geräumige Scheune für die Ernte, für die Wägen und Kutschen.

① Wo findest du im Ort noch Spuren des Bauerndorfes?

② Der „Bruckenliendl" an der Würmbrücke ist einer der letzten Zeugen des alten Gauting. Er steht unter Denkmalschutz.

③ Vergleiche die abgebildeten Bauernhäuser mit den ersten Hütten im bajuwarischen Dorf.

④ Vergleiche den Hof des Mühlenbesitzers Eggenhofer mit dem „Graser-Gütl" auf dem Foto daneben!

⑤ Erkläre die Begriffe „Häusler" und „Taglöhner"!

⑥ Der „Gasthof zur Post" war ein besonderer Gasthof. Was weißt du darüber?

⑦ Im Bauernhaus-Museum auf der „Glentleitn" kannst du solche Häuser besichtigen. Auch wie die Handwerker gearbeitet haben, kannst du dort beobachten.

Der „Gasthof zur Post", einst ein prächtiges bayerisches Wirtshaus

Blick auf die alte Würmbrücke mit der Figur des hl. Nepomuk, der Pfarrkirche St. Benedikt und den kleinen Bauernhäusern am Würmufer. Der Hof hinter der Brücke ist der „Bruckenliendl", der heute noch erhalten ist. (Zeichnung, 1834)

Der Bahnhofberg, mit Blick auf den „Krapf"

Ein Bauernhaus an der Straße zum Schloss Fußberg

Die Starnberger Straße, von der Einmündung der Reismühler Straße her gesehen, Foto um 1920

Die alte Pfarrkirche St. Benedikt, um 1900

Die Pfarrkirche St. Benedikt (Neubau 1935)

Die Pfarrkirche St. Benedikt

1 Unsere Pfarrkirche ist dem hl. Benedikt geweiht. Das erinnert an die uralte Verbindung dieses Gotteshauses zum Kloster Benediktbeuern (seit 970). Schon 1315 wird die Kirche als Sitz der großen Pfarrei Gauting genannt. Die Frauenkirche und die Filialkirchen in Stockdorf, Buchendorf, Leutstetten, Königswiesen und Kreuzing gehörten schon damals dazu.

2 Die Pfarrkirche war Ende des 15. Jahrhunderts im Stil der Spätgotik erneuert worden. Um 1930 war sie jedoch für die inzwischen stark gewachsene Pfarrgemeinde viel zu klein geworden. Man entschloss sich deshalb zu einem Neubau. Den schlanken Turm der alten Kirche ließ man jedoch noch stehen. 1935 wurde die von dem Architekten Georg Buchner entworfene Kirche eingeweiht. Der geräumige Saalbau ist ganz schlicht gehalten. Nur die von dem Gautinger Kunstmaler Hans Schellinger ausgeführten Wandmalereien bringen Farbe in den Raum.

Aus der alten Kirche wurden ein paar kleine 3
Grabplatten übertragen, welche an die früheren Pfarrer erinnern. Die kostbarsten Ausstattungsstücke sind freilich die kleinen Glasfenster, die um 1500 von den Fußberger Schlossherren gestiftet worden waren. Zu ihrer Erinnerung sind kleine Wappen angebracht. So auch auf den beiden Fenstern, auf denen Hans und Katharina Ligsalz (um 1515/20) mit ihren Kindern in ewiger Anbetung abgebildet sind.

Der kleine Friedhof, der die alte Pfarrkirche um- 4
gab, ist heute völlig ausgelöscht. Zur Straße hin steht nun das neue Pfarrzentrum.

St. Benedikt, Blick zum Altar. Wandgemälde von Hans Schellinger

Zwei Glasfenster aus der alten Pfarrkirche (um 1515/20)

Die Frauenkirche

1 Auf halber Höhe des Bahnhofberges steht die zweite Gautinger Kirche. Sie ist der Muttergottes, „Unserer Lieben Frau“, geweiht. Deshalb heißt sie auch „Frauenkirche“. Dem schlichten Bau sieht man von außen nicht an, wie reich und kostbar er im Inneren ausgestattet ist.

2 Die Kirche wurde 1465 und 1489 im Stil der Spätgotik erneuert, nachdem der Vorgängerbau 1422 im Krieg abgebrannt war. Der Baumeister Silvester Schöttl hat sich an der Mauer hinter dem Hochaltar verewigt.

3 Dort finden wir auch vier sehr schöne Rotmarmor-Grabsteine von Fußberger Schlossherren. Sie betrachteten die Frauenkirche als ihre Schlosskirche und Grablege. Deshalb bedachten sie sie immer wieder mit reichen Schenkungen. Auch die Gautinger Bürger haben der Frauenkirche gerne etwas gestiftet. Die reiche Ausstattung lässt es noch heute erkennen.

4 Der prächtige Hochaltar wurde 1683 vom Königswieser Schlossherrn Sigmund von Pfetten und seiner Frau gestiftet. Das kleine Doppelwappen der Eheleute soll uns an diese Schenkung erinnern. Im Zentrum des Altars befindet sich eine spätgotische „Maria mit dem Kind“. Sie strahlt eine große mütterliche Wärme aus. Vielleicht war sie deshalb einmal das Ziel vieler Pilger aus der Umgebung, die sich bei ihr Hilfe und Trost holen wollten. Die beiden Seitenfiguren, der hl. Dominikus und die hl. Katharina von Siena, tragen Rosenkränze und weisen damit auf das Glück, aber auch auf das spätere Leid der Muttergottes hin. Vor dem Altar stehen die beiden großen Figuren des hl. Joseph und des hl. Antonius, beide mit dem Jesuskind auf dem Arm.

Vom Chorbogen herab hängt eine sehr schöne 5
„Madonna im Rosenkranz“, die an die ehemalige Rosenkranz-Bruderschaft erinnert. Diese hatte auch Mitglieder in den Filialen Buchendorf und Leutstetten. Deshalb finden wir auch in den dortigen Kirchen eine ähnliche „Madonna im Rosenkranz“.

Besonders kostbar sind die Seitenaltäre. Sie wur- 6
den 1743 von dem berühmten Münchner Bildhauer Johann Baptist Straub geschaffen. Sie erinnern wieder an das Leben der Muttergottes. Auf dem linken Seitenaltar sehen wir die hl. Mutter Anna, welche der kleinen Maria die Hl. Schrift erklärt. Auf dem rechten Seitenaltar steht wieder der hl. Joseph mit dem Jesuskind. Die beiden Altäre enthalten auch eine Reihe von Heiligen, zu denen unsere Vorfahren in ihrer Not gebetet haben, den hl. Silvester als Viehpatron zum Beispiel oder die Pestheiligen Rochus und Sebastian.

Auf der Kanzel steht (ähnlich wie in Buchendorf) 7
der hl. Erzengel Michael. Er hat eine Waage in der Hand, mit der er das Gewicht der verstorbenen

Die Frauenkirche

Frauenkirche, Maria im Rosenkranz

Frauenkirche, Blick zum Chor

Hochaltar, Maria mit dem Kind

Rotmarmor-Grabstein des Hans Dichtl, gest. 1590

Seelen prüft. Er wiegt sie und stellt dabei fest, ob die Menschen in ihrem Leben Gutes oder Böses getan haben. Der Eingangstüre gegenüber zeigt ein großes Wandgemälde den hl. Christophorus. Man glaubte früher, dass der, welcher das Bild des Heiligen betrachtet hatte, an diesem Tag nicht ungerechtfertigt (also ohne Reue) sterben müsse.

① Über die Schlossherren von Fußberg kannst du im Kapitel „Fußberg" mehr erfahren.

② Die Grabsteine hinter dem Hochaltar erinnern an Hans Dichtl (†1590), Margarete Dichtl (†1589), Ludwig Dichtl von Tutzing (†1607) und Jacobäa Dichtl, geborene von Seyboldstorf (†1604). Am Boden und vor dem Altar liegen weitere Grabplatten der Familien Dichtl, Püttrich und Ligsalz.

③ Wenn du dich umsiehst, wirst du auf den Altären und den Wandmalereien zahlreiche Hinweise auf die Muttergottes und ihr Leben finden.

④ Lasse dir von deinem Religionslehrer die Bedeutung des Rosenkranzes erklären.

⑤ An den Wänden der Kirche findest du noch einige Grabsteine vom ehemaligen Friedhof der Frauenkirche. Lies einmal, was auf ihnen steht. Zum Friedhof erfährst du auch etwas Wichtiges im Kapitel „Reihengräber-Friedhof".

Die evangelische Kirche

Um 1900 gab es schon eine Reihe von evangeli- 1
schen Bürgern in Gauting. Sie mussten jedoch jeden Sonntag nach Starnberg zum Gottesdienst fahren. 1917 wurde für sie ein kleiner Betsaal im Schulhaus (heute Realschule) eingerichtet. Als die evangelische Gemeinde jedoch immer stärker anwuchs, beschloss man, eine eigene Kirche zu bauen.

Sie wurde von dem bedeutenden Münchner Ar- 2
chitekten Theodor Fischer entworfen und 1928 eingeweiht. Sie folgt mit ihrer Doppelturm-Fassade dem Vorbild der alten romanischen Kirchen in Bayern. Deshalb ist das Ziegelmauerwerk auch nicht verputzt. Der Kirchenbau ist zwar nicht sehr groß, strahlt jedoch eine große Würde aus. Sein halbrunder Altarraum (genannt Apsis) wirkt bis herab auf die Bahnhofstraße. Das Innere ist sehr schlicht gehalten, die Fresken über dem Altarraum, die der Maler Max Unold geschaffen hat, bilden den einzigen Schmuck.

Die evangelische Pfarrkirche, erbaut 1928

Schloss Fußberg

So etwa könnte die Burg der Ministerialen Fuß ausgesehen haben (Rekonstruktion).

Schloss Fußberg, mit Kapellen und Nebengebäuden, um 1700 (Kupferstich von Michael Wening)

Schloss Fußberg, um 1721 (Rekonstruktion)

Im Norden Gautings, direkt an der Würm ge- 1
legen, befindet sich in einem herrlichen Park ein altes, ehrwürdiges Gebäude. Wenn man es jetzt in renoviertem Zustand betrachtet, wirkt es wie eine noble Villa. Doch dieses Haus hat eine reiche Geschichte hinter sich.

Bereits zur Zeit von Kaiser Friedrich Barbarossa 2
stand an dieser Stelle eine kleine turmartige Burg, die ganz von Wasser umgeben war. Noch heute kann man die langgezogene Mulde erkennen, die damals von der Würm mit Wasser gefüllt wurde. Die kleine Burg war eigentlich im Besitz der bayerischen Herzöge und gehörte vermutlich zu einer Reihe von Befestigungen, die das Würmtal sichern sollten (Karlsburg, Schlossberg, Fußberg, Krailling, Pasing). Die Herzöge gaben den Sitz den Rittern Fuß als Lehen (von „leihen"). Ihre Aufgabe war es, die Steuern einzuziehen, für Recht und Ordnung zu sorgen und dem Herzog als Schwertgefolge zu dienen. Sie waren auch als Verwalter der Karlsburg bei Leutstetten eingesetzt.

Mitte des 14. Jahrhunderts tauchen neue Namen 3
auf. Wir lesen in den Urkunden vom kaiserlichen Hofrichter Ludwig von Teck und von Otto von Rüsenbach. Später folgten die Herren von Preysing und die Münchner Patrizierfamilien Pütrich und Ligsalz. Im Jahre 1560 erwarb der herzogliche Rat Ludwig Dichtl von Tutzing Schloss und Hofmark. Er war es auch, der die „alte Veste Fußberg" in ein Schloss umgebaut hat. Das war dann vermutlich schon der Bau, der auf dem Stich von Michael Wening (um 1700) abgebildet ist.

Im Jahre 1618 kam das Schloss an die Familie 4
Weiler von Königswiesen, die den Altar der Frauenkirche und die schönen Glasfenster in der Pfarrkirche gestiftet hat. Aber schon nach drei Jahren (1621) musste die Witwe Renata Weiler Schloss und Hofmark wieder verkaufen. Neuer Besitzer war das Kloster Andechs, welches Schloss Fußberg als Wirtschaftsgut, als Ferien-

Schloss Fußberg, nach der letzten Renovierung

aufenthalt und Pferdewechsel auf halbem Weg nach München nutzte.

5 Auch zur Zeit der Andechser Herrschaft hatte der Besitzer von Schloss Fußberg die „niedere Gerichtsbarkeit". Dieses „Gericht Fußberg" hat sich später zur „Hofmark Fußberg" entwickelt. Zu dieser Hofmark zählten die Bauernhöfe in Gauting, welche die Schlossherren im Laufe der Zeit in ihren Besitz gebracht hatten. Der Hofmarksherr besaß nicht nur das Recht, von diesen Untertanen Abgaben und Arbeitsleistungen (sogenanntes Scharwerk) zu verlangen. Er bekam auch die „niedere Gerichtsbarkeit" über sie zugesprochen. Schwere Verbrechen wurden vor dem Landgericht Starnberg verhandelt. So hatte der Hofmarksherr in seinem Bereich für Recht und Ordnung zu sorgen, er durfte Rechtsstreitigkeiten schlichten und kleinere Vergehen abstrafen. In Gauting gehörte etwa nur ein Drittel der Bauern zur Hofmark Fußberg, so dass der Ort eigentlich in zwei verschiedene Gruppen von Untertanen gespalten war.

Kloster Andechs erneuerte 1721 die Gebäude. 6
Das jetzige Haupthaus geht in seiner Form auf den damaligen Umbau zurück. Als im Jahre 1803 alle bayerischen Klöster aufgelöst wurden,

Schloss Fußberg (Flurkarte 1863)

Blick in den Park (ehemaliger Wassergraben)

Schloss Fußberg; der Festsaal vor der Renovierung

wurde das Hofmarksrecht auf Fußberg beendet. Das Schloss stand zum Verkauf. Nun wechselten zahlreiche Besitzer in rascher Reihenfolge. Der interessanteste von ihnen war sicher der Baron Karl Theodor Maria von Hallberg-Broich, der „Eremit von Gauting". Ebenfalls nicht unbekannt war der Bildhauer Rudolf Schwanthaler, ein Neffe des berühmten Ludwig Schwanthaler. Er hinterließ einige plastische Figuren, die noch erhalten sind und auf ihre Restaurierung warten.

Die ehemalige Papierfabrik (Zeichnung in Privatbesitz)

1877 erwarb der Fabrikant Julius Haerlin einige 7
Anwesen südlich des Schlosses und richtete an ihrer Stelle eine Papierfabrik ein. Er war lange Zeit der größte Arbeitgeber in Gauting. Erst 1893 gelang es ihm, auch das Schloss als Wohnsitz für seine Familie zu kaufen. 1907 erwarb er vom Mühlenbesitzer Eggenhofer die zum E-Werk umgebaute Ortsmühle. Zum Besitz Haerlins gehörte auch die Pulvermühle hinter der Reismühle, die er zu einer „Holzschleif" zur Herstellung von Zellstoff umbauen ließ. Julius Haerlin war einer der größten Wohltäter der Gemeinde Gauting (Sportplatz, neuer Friedhof, Sozialstiftung).

Nun gehört das Gebäude der Gemeinde Gau- 8
ting, die es mit sehr viel Aufwand renoviert hat. Ein Café lädt im Sommer zu einem Besuch ein. Der noch recht gut erhaltene Park, der allen Bürgern zur Erholung offensteht, ist einer der größten Schätze der Gemeinde.

Der Eremit von Gauting

Der Eremit von Gauting (Lithographie, um 1840 / 50)

1 Der bemerkenswerteste Bewohner von Schloss Fußberg war sicherlich Karl Theodor Maria Freiherr von Hallberg-Broich, ein Abenteurer und Sonderling, der von allen Leuten nur der „Eremit von Gauting" genannt wurde.

2 Er wurde 1768 in Jülich am Niederrhein geboren. Schon als Kind bereitete es ihm großes Vergnügen, anderen Menschen Streiche zu spielen. Als er allzu übermütig wurde und Hauslehrer und Eltern sich keinen Rat mehr wussten, wurde er in ein Internat nach Köln geschickt, in dem er die nötige Erziehung erhalten sollte.

3 Aber auch dort ärgerte er die Lehrer und Erzieher. Als er es wieder einmal zu bunt getrieben hatte, lief er aus Angst vor Strafe aus der Schule fort. Er verdingte sich als Matrose auf einem Dampfer und fuhr nach England, wo er gleich Admiral werden wollte. Als er aber abgewiesen wurde, reiste er nach Triest und nach Wien, wo er sich als Soldat anwerben ließ. Er war gerade zehn Jahre alt.

4 Einige Jahre später verschaffte ihm sein Vater eine Stelle in der bayerischen Armee. Doch Hallberg-Broich zog es vor, in verschiedenen Städten Europas Mathematik und Medizin zu studieren.

5 Im Jahre 1793 starb sein Vater. Karl Theodor kehrte nach Hause zurück und übernahm das elterliche Schloss. Dort verbrachte er einige Jahre, feierte Feste und überlegte sich Streiche. Doch im Lauf der Zeit wurde es ihm wieder zu langweilig und er begab sich erneut auf Reisen. Es würde Bücher füllen, all seine Erlebnisse aufzuschreiben. Seine Reisen führten ihn durch ganz Europa und Nordafrika. Als Napoleon, der Kaiser der Franzosen, mit seinen Armeen gegen Deutschland zog, reiste Hallberg durch viele Länder und warb für seine Pläne zum Kampf gegen den Eroberer.

6 Bei einer dieser Reisen lernte er seine Frau Caroline Freiin von und zu Olne kennen, die ihn eine Zeit lang begleitete. 1814 kam sein Sohn Hermann, 1815 seine Tochter Amalie zur Welt.

Seiner Familie zuliebe blieb er einige Jahre zu 7
Hause. Er verfasste zahlreiche Bücher, darunter auch eine böse Schrift gegen den König von Preußen. Deshalb musste er fliehen. Als er dabei nach München kam, gefiel es ihm in der Gegend so gut, dass er sich in Gauting das Schloss Fußberg kaufte.

Inzwischen hatte er sich ein komisches Aus- 8
sehen zugelegt. Er trug einen langen Bart, einen alten, langen Mantel, an den er zahlreiche Orden geheftet hatte, sowie hohe schwarze Reiterstiefel. Seine Mütze aus Bärenfell trug er im Sommer wie im Winter. Weil er damit wie ein Einsiedler aussah, nannten ihn die Leute im Dorf nur „Eremit von Gauting". Das gefiel ihm so gut, dass er unter diesem Namen bald Aufsätze in Zeitschriften und ganze Bücher veröffentlichte.

Der Eremit von Gauting. Zeichnung von Franz v. Pocci

9 Im Schloss nahm er einige Veränderungen vor. Weil ihm die Farbe Rot so gut gefiel, ließ er Türen, Fenster und Treppen rot anmalen. Er fuhr auch gerne mit einer roten Kutsche, die von rot angemalten Eseln gezogen wurde, nach München.

10 Nach dem Tod seiner Frau im Jahre 1832 hielt ihn nichts mehr in Bayern. Er unternahm wieder Reisen und durchwanderte Europa. In der Zwischenzeit bewohnte und bewirtschaftete sein Sohn Hermann Schloss Fußberg. Im Jahre 1835 aber übergab der Vater es seiner Tochter Amalie als Mitgift.

11 Nach vielen Jahren voller Abenteuer in fremden Ländern wollte der „Eremit von Gauting" seine Idee verwirklichen, das Erdinger Moos trockenzulegen. Der König schenkte ihm dort etwas Land, und Hallberg machte sich an die Arbeit. Die Gemeinde Hallbergmoos geht auf seine Gründung zurück. Er selbst wohnte im kleinen Schlösschen Birkeneck. Die Wände seiner Zimmer hatte er bunt mit Zeitungsausschnitten, Theaterprogrammen und Zeichnungen tapeziert. Damit er nicht so einsam war, umgab er sich mit Dutzenden von Singvögeln, allerlei Tieren und vielen Kuckucksuhren. Wenn einmal Fremde vorbeikamen, erzählte er ihnen seine Geschichten.

Aber auch jetzt hielt er es nicht dauernd in sei- 1
nem Schloss aus. Immer wieder reiste er durch die Welt. Nur die Reise nach Amerika ist ihm nie geglückt.

Im Alter von 82 Jahren erkrankte er an einer 1
schlimmen Augenkrankheit und erblindete. Seine letzten Jahre verbrachte der „Eremit von Gauting" einsam und verarmt in der Nähe von Landshut. Als er am 17. April 1862 im Alter von 93 Jahren starb, hatte er seine Frau, seine Kinder und fast alle seine Freunde überlebt.

Obwohl der „Eremit von Gauting" nur wenige 1
Jahre in Schloss Fußberg verbrachte, wird hier sehr ausführlich von ihm berichtet. Dieser Mann, der uns so sonderlich vorkommt, hatte nämlich nicht nur Abenteuer und Tollheiten im Sinn. Er war äußerst sprachgewandt und beherrschte fast ein Dutzend Sprachen fließend. Auf seinen langen Weltreisen stellte er ein umfangreiches Kartenmaterial zusammen. Zudem hinterließ er eine lange Reihe von Reisebüchern, die damals gerne gelesen wurden. Er entwickelte Pläne für einen Kanal zum Roten Meer, lange bevor Ferdinand de Lesseps im Jahre 1869 den Bau des Suez-Kanals tatsächlich verwirklichte. Baron von Hallberg-Broich war nicht nur Wissenschaftler, sondern auch Soziologe. Er verfasste Schriften, wie man armen Leuten helfen könnte. Solange er selbst Geld hatte, half er allen Menschen, die in Not geraten waren.

Aus der Gautinger Schulgeschichte

1 Schon sehr viel früher als in den meisten anderen Ortschaften wird in Gauting im Jahre 1560 eine Schule erwähnt. Wie dieser Schulunterricht aussah, wissen wir aber nicht. Erst die großzügige Stiftung des Schlossherrn Ludwig Dichtl und seiner Frau Jakobäa im Jahre 1593 ermöglichte den Umbau eines bestehenden Gebäudes zu einem Schulhaus und die bessere Entlohnung des Lehrers. Aber auch jetzt fand der Unterricht nur sehr unregelmäßig statt. Die Schulmeister klagten immer wieder über die geringe Bezahlung und über schlechten Schulbesuch. Viele Gautinger sahen nämlich nicht ein, wozu man lesen und schreiben lernen sollte.

2 Der Bauzustand dieses Schulhauses verschlechterte sich aber nach einigen Jahrzehnten so sehr, dass an einen ordentlichen Unterricht kaum noch zu denken war. Bei heftigem Wind mussten Lehrer und Kinder das Schulhaus räumen, um nicht von herabfallenden Brettern getroffen zu werden. 1805 stürzte das Schulhaus sogar völlig ein. Nachdem volle zwei Jahre kein Unterricht mehr erteilt werden konnte, beschloss die Gemeinde, das ehemalige „Benefiziatenhaus" an der heutigen Bahnhofstraße als neues Schulhaus einzurichten. Es war vor 1800 das Wohnhaus des Kaplans gewesen.

Bis 1879 wurde die Gautinger Schule einklassig geführt, d.h. die fast 100 Kinder der 1. bis 7. Klasse wurden in einem Schulzimmer unterrichtet. Aber selbst nachdem sie zweiklassig geworden war, stieg die Zahl der Schüler aus den Gemeinden Gauting, Buchendorf und Stockdorf weiter so stark an, dass die beiden Schulräume völlig überfüllt waren. In der Unterklasse saßen nun 104, in der Oberklasse 90 Schüler! Bis die Ortsteile Buchendorf 1908 und Stockdorf 1910 ein eigenes Schulhaus bekamen, mussten Teile der Schule sogar ins Gasthaus „Zum Würmbad" ausgelagert werden! 3

Aber auch für Gauting selbst musste ein neues Gebäude errichtet werden. 1914 konnten endlich auch die Gautinger Kinder in ihr neuzeitlich eingerichtetes Schulhaus an der Schulstraße einziehen. In der alten Schule wurde nun das Rathaus eingerichtet. Heute ist das Jugendzentrum darin untergebracht. 4

Nach dem Zweiten Weltkrieg kamen viele Heimatvertriebene nach Gauting. Es wurde im Ort auch wieder viel gebaut. Deshalb stieg die Zahl der Kinder erneut so stark an, dass das neue Schulhaus schon wieder zu klein war. Die Gemeinde erwarb deshalb das Gebäude der „Austria-Zigarrenfabrik" und ließ es bis 1955 zu einem großen Schulgebäude umbauen. Das ehemalige Schulhaus wurde anschließend der neu gegründeten Realschule zur Verfügung gestellt. 5

Das Schulhaus an der Bahnhofstraße (heute Jugendzentrum)

Schulhaus an der Schulstraße (heute Realschule)

Das Hotel am Bahnhof (Postkarte)

Unser Schulhaus

1 Unser Schulhaus blickt auf eine lange, wechselvolle Geschichte zurück. Es war nämlich nicht als Schulhaus gebaut worden. Vor mehr als hundert Jahren beauftragte der Postwirt Georg Hiltl einen Architekten, direkt neben dem Gautinger Bahnhof ein Hotel zu errichten. Hier sollten die Kurgäste Platz finden, die in den Gautinger Schwefelquellen (heute: Mädchenheim) Heilung suchten. Die Quellen versiegten allerdings nach einiger Zeit, und der Kurbetrieb wurde eingestellt. Die Gäste blieben aus und so musste das Hotel im Jahre 1922 endgültig seine Pforten schließen.

Zwei Jahre später kaufte die „Austria-Tabak- 2
waren GmbH" das Gebäude. In dem umgebauten Haus wurden Zigarren hergestellt. 325 Menschen, davon 305 Frauen fanden in der Fabrik einen festen Arbeitsplatz. Bald erforderte die Größe des Betriebes sogar einen Erweiterungsbau. Im Kriegsjahr 1943 wurde die Tabakproduktion jedoch eingestellt. Die Menschen mussten nun für die Rüstungsindustrie arbeiten.

In den letzten Kriegsjahren diente das Gebäude 3
schließlich als Sanitätsdepot. Das Zeichen des Roten Kreuzes schützte das Haus vor Luftangriffen. Als der Krieg zu Ende war, fanden Heimatvertriebene und Flüchtlinge hier eine Unterkunft.

Die Austria-Zigarrenfabrik (Foto um 1930)

Das neue Schulhaus nach dem Umbau 1954/55

4 Da die Firma Austria die Tabakproduktion nach dem Krieg nicht mehr aufnehmen wollte, kaufte die Gemeinde im Jahre 1954 das Gebäude. Besonders der 2. Bürgermeister Josef Dosch, nach dem unsere Schule benannt ist, hat sich intensiv für den Kauf des Hauses eingesetzt. Er sah, dass Gauting bald eine größere Schule brauchen würde. Das Gebäude wurde entsprechend umgebaut, und bereits ein Jahr später konnten die Gautinger Kinder in ihr neues Schulhaus einziehen.

Anfangs gab es in diesem Haus sogar drei ver- 5
schiedene Schulen: Die Katholische und die Evangelische Bekenntnisschule sowie die Gemeinschaftsschule. Inzwischen gibt es nur noch eine Schule mit dem Namen „Grundschule Gauting". Im sogenannten „Kleinen Haus" war zuerst das neu gegründete Gautinger Gymnasium untergebracht, bis 1972 sein eigenes Schulhaus gebaut war. Auch die Hauptschule zog 1984 in ihr neues Schulhaus neben dem Gymnasium. Als drittes Gebäude erhielt unsere Schule schließlich noch eine schöne, große Turnhalle.

Unser Schulhaus nach der Renovierung 1997/98

Eine Schulklasse um 1935 (Volksschule Gauting)

Wann gab es die ersten Schulen?

1 In der Vorzeit haben die Kinder alles, was sie für ihr Leben brauchten, von den Eltern und Großeltern und von den Handwerkern im Dorf gelernt. Erst im antiken Griechenland wurden die ersten Schulen eingerichtet. Auch bei den Römern gab es Schulen nach griechischem Vorbild. Die Kinder wohlhabender Eltern wurden jedoch meist von Privatlehrern unterrichtet. Nach dem Ende der Römerherrschaft gab es bei uns für lange Zeit, ja für Jahrhunderte keine richtigen Schulen mehr. Erst nach und nach begann man in den Klöstern, ausgewählten und besonders gescheiten Kindern wieder Unterricht im Lesen und Schreiben zu erteilen. Später wurden in den meisten großen Städten einfache Schulen, ja sogar Gymnasien eingerichtet. Doch nur wenige Kinder konnten diese Schulen besuchen. Draußen auf dem Lande wuchsen die Kinder in den meisten Dörfern noch lange ohne Schulbildung heran. Zu Beginn des 19. Jahrhunderts wurde dann überall die allgemeine Schulpflicht eingeführt. Sie betrug anfangs nur 7 Jahre. Erst 1937 wurde in Gauting das 8. Schuljahr, 1969 das 9. Schuljahr zur Pflicht. Seit 1998 gibt es hier für fleißige und strebsame Schüler sogar ein 10. Schuljahr, mit dem man die Mittlere Reife erlangen kann.

So sah es in der Dorfschule im frühen 19. Jahrhundert aus!

Wie sah es früher in der Schule aus?

Pünktlich um acht Uhr fing der Unterricht mit dem Morgengebet an. Zwischen 60 und 80 Kinder drängten sich auf den engen Bänken. Manchmal wurden mehrere Jahrgangsstufen in einem Raum unterrichtet.

Die Schüler der ersten Klasse schrieben mit Griffeln auf eine Schiefertafel. Ältere Schüler durften einen Federhalter mit Federn benutzen. Die Feder tauchte man in ein Tintenfass, das in einer Vertiefung der Bank stand, damit es nicht umfallen konnte.

Auch der Unterricht verlief etwas anders als heute. Immer wenn man eine Antwort gab, musste man aufstehen. Stets sollte man dem Lehrer fest ins Auge blicken. Besonders schlimm war es, wenn man in damaliger Zeit bestraft wurde. Wenn die Hausaufgaben fehlten, die Antworten falsch waren oder die Schrift dem Lehrer nicht gefiel, dann gab es entsprechende Strafen. Der Rohrstock, der meist neben der Tafel hing, wurde häufig benützt. Oft erhielt man heftige Hiebe auf den Po oder auf die Finger. Wenn man falsche Antworten gab, musste man eine Eselsmütze aufsetzen. Dies war sehr peinlich. Ebenso unangenehm war es, wenn man für eine Zeit in der Ecke stehen musste. Wenn man es gar zu arg getrieben hatte, musste man nachsitzen, in einigen Schulen sogar in einem eigens dafür eingerichteten Raum, dem „Karzer".

① Im Schulmuseum unserer Schule kannst du allerlei Unterrichtsmaterial aus der damaligen Zeit anschauen. Du erfährst dazu auch etwas im Kapitel über die Dorfschule Unterbrunn sowie in den Kapiteln über Stockdorf, Krailling und Planegg.

Eine Schulordnung von 1880 zeigt uns, wie streng auf Ordnung und Wohlverhalten geachtet wurde. Der Lehrer hatte folgendes zu beachten:

1. Die Schüler müssen anständig, gerade, mit dem Rücken angelehnt und in Reihen hintereinander sitzen.
2. Jedes Kind muss seine Hände geschlossen auf die Bank legen, damit Neckereien und Spielereien unmöglich gemacht werden.
3. Die Füße sollen nebeneinander auf den Fußboden gestellt werden.
4. Sämtliche Schüler sollen dem Lehrer fest ins Auge schauen.
5. Auf dem Schulhof ist Geschrei, Geschwätz sowie das Herumrennen verboten.
6. Im Winter dauert der Unterricht von morgens bis abends.
7. Der Schulmeister soll den Rohrstock fleißig gebrauchen.
8. Jeden Samstag muss die Schule gekehrt und gesäubert werden.
9. Im Zensurbuch sind zu benoten: Reinlichkeit, Ordnungsliebe, Gehorsam, Verträglichkeit, Aufmerksamkeit, Schulbesuch, Hausfleiß, Kenntnisse, Bemerkungen, Denken und Sprechen.

Vermutlich hat auch damals nicht jeder Lehrer diese Regeln ganz wörtlich genommen. Doch so frei und fröhlich wie heute war die Schulzeit unserer Großeltern sicher nicht.

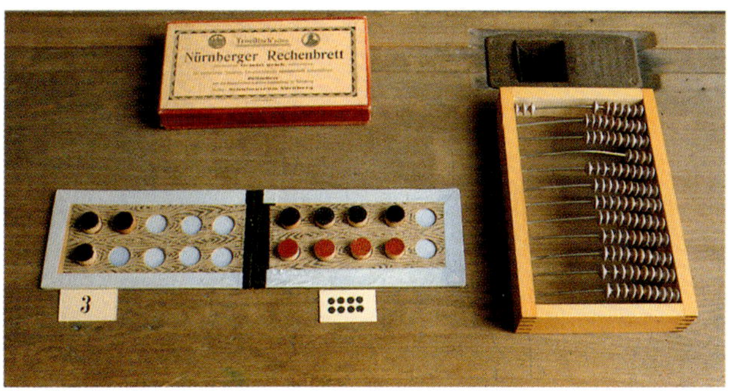

Zähl- und Rechenhilfen für die Schulanfänger

Damit hat die Oma das Schreiben gelernt

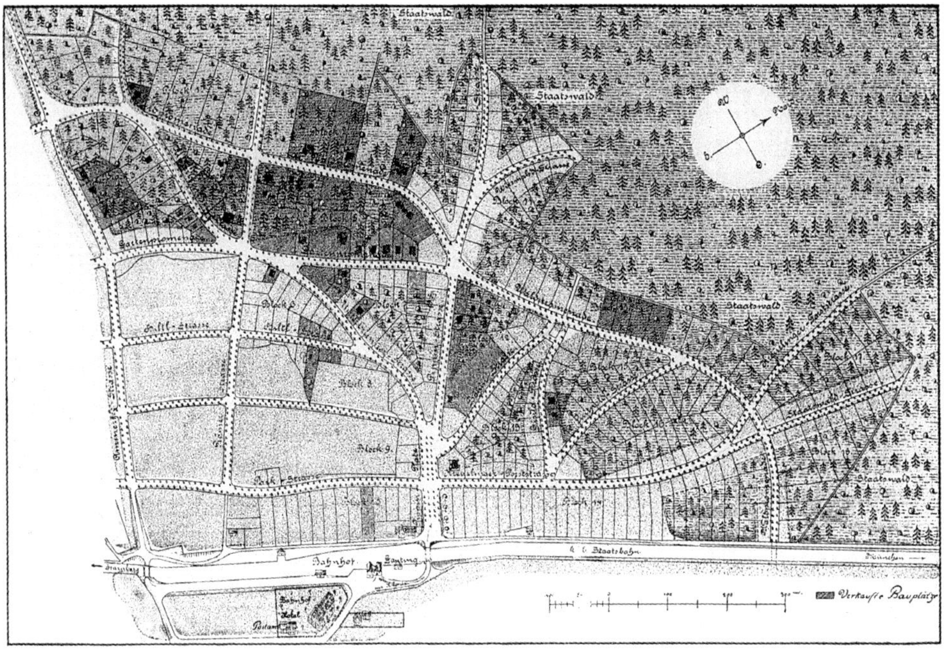

Plan der Gautinger Villenkolonie (um 1904). Man erkennt hier gut die kurvig angelegten Straßen.

Die Gautinger Villenkolonie

1 Noch um 1900 endete die Ortschaft Gauting an der Bahnlinie. Westlich der Bahn lagen im Kreuzlinger Feld und im Unterbrunner Feld noch immer die Äcker und Wiesen der Bauern. Dann sollte aber auch in diesem Bereich, wie überall in den Würmtalorten, eine Villenkolonie entstehen. Ein paar Bauern, denen der Grund hier gehörte, gründeten unter der Leitung des Postwirts Hiltl eine Gesellschaft, welche das Gebiet mit Straßen und Wasserversorgung erschließen und in Bauplätze einteilen sollte.

2 Vielleicht hast du schon einmal bemerkt, wie Straßen und Plätze in alten Städten angelegt sind. Sie verlaufen meist so, wie sie sich vor Jahrhunderten ganz natürlich aus dem Geländeverlauf ergeben haben. Meist in weiten Bögen, mit mehreren Kurven. Und nicht kerzengerade und im rechten Winkel. Das ist nämlich ziemlich langweilig. Die Straßen wirken hier nie „endlos", in den kurvigen Straßen trifft der Blick immer auf die nächsten und übernächsten Häuser und auf etwas, was man anschauen kann.

Der Architekt, der das Straßennetz der Villenkolonie plante, wusste um dieses Geheimnis. Er legte kein starres Straßengitter an, sondern verband die Straßen in sanften Bögen miteinander. Größere Plätze, zum Beispiel wo Karlstraße, Gisilastraße und Waldpromenade zusammentreffen, hat er durch „Inseln" mit Bäumen aufgelöst. Wenn du durch die Villenkolonie gehst und einmal gut auf diese Grundsätze achtest, wirst du sehen, wie großartig das geworden ist. Nirgends wirkt es „leer", überall trifft der Blick auf Häuser, auf Büsche und Bäume. Durch das Fehlen des rechten Winkels sind auch die Grundstücke verschieden groß ausgefallen. So konnte jeder sein Haus bauen und seinen Garten anlegen, wie er wollte.

1902 wurden die ersten Häuser errichtet. Die Gesellschaft bot sogar fertige Baupläne an, damit es für die Bauherren schnell und bequem gehen konnte. Die meisten Käufer der Grundstücke kamen aus München, das jetzt mit der Bahn schnell erreichbar war. Die Bauherren waren keine reichen Fabrikbesitzer, Kaufleute oder Bankiers wie am Starnberger See, sondern meist Beamte, Angestellte und Künstler.

Die Straße wird vom Grün der Bäume beherrscht

Ein Landhaus für den Förster Meiler (Gisilastraße 2)

5 Es dauerte nur etwa zwei Jahrzehnte, bis die meisten Grundstücke bebaut waren. Und weil alles in einem Zug ging, waren am Ende auch fast alle Häuser im Stil der Zeit gebaut. Das ergab ein ganz besonders einheitliches Bild.

6 Wenn du durch einige Straßen gehst, wirst du schnell feststellen, dass die Häuser eigentlich nie unmittelbar an der Straße stehen. Sie sind fast alle etwas nach hinten versetzt und lassen vorne Raum für einen Garten mit Blumen und blühenden Büschen. Hinter dem Haus finden sich oft ein kleiner Obstgarten, ein paar Gemüsebeete und einige hohe Bäume. Mit ihren großen, ausladenden Laubkronen verleihen sie der Kolonie den Charakter einer Parklandschaft. Obwohl sie für das Erscheinungsbild der Kolonie so unendlich wichtig sind, werden sie mehr und mehr umgesägt, um Platz zum Bauen zu schaffen.

7 In der Villenkolonie sind viele schöne Häuser gebaut worden. Ganz unterschiedlich in Form und Größe. Manche mit Türmchen und Erkern, andere mit Wintergärten und Terrassen. Einige versuchen, ein klein wenig den großen Villen am Starnberger See nachzueifern, andere geben sich ganz bescheiden. Es wurden Häuser mit Malerei oder Figurenschmuck an den Fassaden gebaut und solche, die wie ein Bauernhaus mit Holz verkleidet wurden. Sie alle waren eingebettet in wunderbare Gärten, die ihren Bewohnern Ruhe und Erholung schenkten. Wohl jeder von ihnen war glücklich, hier in dieser Gartenlandschaft wohnen zu dürfen.

Ein zauberhafter Garten in der Luitpoldstraße

Eine grüne Insel (Einmündung Gisila- und Karlstraße)

Schöne Häuser in der Gartenpromenade

hin spazieren gehen, schauen, uns freuen und uns erholen können. Die Villenkolonie gehört uns allen, sie ist ein Teil unserer Heimat.

① Du findest in der Kolonie noch heute Häuser, die fast gleich aussehen, die also nach gleichen oder geringfügig abgeänderten Plänen errichtet wurden. Suche einmal danach!

② Suche nach Stellen in der Kolonie, wo man Gärten mit schlecht gestalteten neuen Häusern verbaut hat und vergleiche mit gut erhaltenen Straßenabschnitten!

8 Die Villenkolonie zählt auch heute noch zu den großen Kostbarkeiten der Gemeinde Gauting. Leider ist in den letzten Jahren schon viel verloren gegangen, sind sogar schlimme Bausünden passiert. Wir sollten deshalb alle darum kämpfen, dass dieses Wohnquartier in seiner Schönheit erhalten bleibt. Damit wir dort auch weiter-

Die Villa Zerboni (Waldpromenade 21)

Das Treppenhaus der Villa Zerboni

Denkmalschutz

1 Denkmalschutz? Wozu denn ein Denkmal schützen? Damit es nicht zerstört wird, zum Beispiel! Auch damit es nicht zu stark verändert wird! Sonst kann es uns nicht mehr mitteilen, was wir von ihm erfahren können.

2 Doch was könnte uns ein Denkmal schon sagen? Ganz einfach: „Denk mal!" Denke einmal über das nach, was du hier siehst. Zum Beispiel beim Kriegerdenkmal an der Bahnhofstraße: „Denke einmal wieder an die gefallenen Soldaten! Denke aber auch darüber nach, was diese furchtbaren Kriege an Zerstörung und Leid über Europa gebracht haben! Und denke darüber nach, wie wichtig es ist, Frieden zu halten! Damit sich das alles nie mehr wiederholt!"

3 Oder das Mahnmal vor dem Eingang zum Friedhof: Es erinnert uns an den Marsch todgeweihter, verzweifelter Menschen aus dem Konzentrationslager Dachau auf dem Weg irgendwohin nach Süden. Es mahnt uns, diese schrecklichen Verbrechen nie zu vergessen. Und es mahnt uns eindringlich, die Würde aller Menschen zu achten. Auch die Würde derer, die für uns Fremde sind oder die vielleicht ein wenig anders sind als wir!

4 Vielleicht hast du es schon bemerkt: Denkmäler erinnern uns immer an etwas Vergangenes. Doch sollten wir nicht besser an heute und an die Zukunft denken? Wenn du die beiden Beispiele von oben nimmst: Ohne das Wissen um das, was geschehen ist, könnten wir die Zukunft gar nicht gestalten. Ohne das Wissen um diese schrecklichen Ereignisse würden wir gar nicht die Verpflichtung spüren, es um jeden Preis besser zu machen!

Was sollen uns da aber alte Gebäude sagen? 5
Was können wir lernen, wenn wir ein altes Bauernhaus betrachten? Dass wir unsere wunderschönen Kirchen erhalten müssen, wird niemand bezweifeln. Auch unsere prächtigen Schlösser und die mächtigen Burgen wollen doch alle bewahren. Aber ganz normale Häuser? Auch sie erzählen uns etwas über die Vergangenheit, zeigen uns, wie sich das Leben der Menschen entwickelt hat. Die Geschichte der Menschen ist nämlich wie ein riesiger Turm. Wir bauen oben immer weiter. Aber wir bauen auf den Steinen unserer Vorfahren!

Alte Gebäude lassen uns zum Beispiel sehen, 6
dass und warum sie „schön" sind. Wir können von ihnen lernen, was man tun muss, damit etwas schön wird, gut gestaltet wird. Wir können lernen, welche Baumaterialien und welche Bauformen sich in unserem Klima seit Jahrhunderten bewährt haben. Wir erfahren vom hohen Können unserer Vorfahren und lernen etwas über ihre handwerkliche Technik. Und wir be-

Das Kriegerdenkmal für die Gefallenen der beiden Weltkriege1914/18 und 1939/45

Das Mahnmal für den Marsch der KZ-Häftlinge

wundern die große Leistung all derer, die durch ihre Arbeit und ihre Erfindungsgabe den Fortschritt erst ermöglicht haben. Wir erkennen aber auch, wie einfach und hart das Leben früher war.

7 Aber nicht nur alte Häuser lassen uns aus der Vergangenheit lernen! Die vielen Bodendenkmäler, die Hügelgräber, Keltenschanzen und Reihengräber sind wahre Geschichtsbücher! Mit immer neuen Seiten, die noch keiner gelesen hat! Erst wenn wir sie studiert und begriffen haben, können wir unser heutiges Leben verstehen. Frühe Industrieanlagen erzählen von den Anfängen unserer Technik. Wer stünde nicht begeistert vor einer fauchenden Dampflok oder vor den ersten Automobilen!

8 Wir schützen aber auch, was ganz einfach „schön" ist. Du hast sicher schon schöne alte Städte besichtigt. Und du hast ganz sicher gespürt, welches Erlebnis es ist, dort spazieren zu gehen oder am Abend auf dem hell erleuchteten Marktplatz zu sitzen! Möchtest du, dass die alten Häuser alle durch einfallslose Betonklötze oder seelenlose Glaskästen ersetzt werden? Wohl nicht! Darum müssen wir sie schützen. Und wir müssen sie „pflegen", immer wieder sachgerecht und vorsichtig renovieren. Damit nichts verloren geht. Deshalb sprechen wir auch von „Denkmalschutz und Denkmalpflege". Das „Landesamt für Denkmalpflege" berät kostenlos und mit großer Erfahrung alle, die an einem historischen Gebäude etwas renovieren oder erneuern müssen. Und der Staat hilft ein wenig mit Zuschüssen und einer Anrechnung der Kosten bei den Steuern.

Die Denkmäler eines Ortes oder eines Land- 9
kreises sind in einer Denkmalliste eingetragen. Weil alles seine Ordnung haben muss und weil manche Bürger lieber fürs „Wegräumen" des Alten sind, hat der Staat ein Denkmalschutz-Gesetz erlassen.

Darin heißt es z.B.: 1

Art. 1.1: Denkmäler sind von Menschen geschaffene Sachen oder Teile davon aus vergangener Zeit, deren Erhaltung wegen ihrer geschichtlichen, künstlerischen, städtebaulichen, wissenschaftlichen oder volkskundlichen Bedeutung im Interesse der Allgemeinheit liegt.

Art. 4.1: Die Eigentümer .... von Baudenkmälern haben diese instand zu halten, instand zu setzen, sachgemäß zu behandeln und vor Gefährdung zu schützen, soweit ihnen das zuzumuten ist.

Art. 5.1. Baudenkmäler sollen möglichst entsprechend ihrer ursprünglichen Bestimmung genutzt werden.

Art. 6.1: Wer Baudenkmäler... oder geschützte Ausstattungsstücke beseitigen, verändern oder an einen anderen Ort verbringen will, bedarf der Erlaubnis.

Eine kleine, aber vornehme Villa (Waldpromenade 20)

Eine der interessantesten Villen (Pippinstraße 3)

① Ganz verschiedene Objekte können vom Denkmalschutz erfasst werden: Schlösser, Burgen, Kirchen, Kapellen, Bauernhäuser, Almhütten, Villen, Bürgerhäuser (ganze Straßenzüge und Altstadtbereiche), technische Anlagen, Industriegebäude, Brücken, Bahnhöfe, Brunnen, Wegkreuze, Mariensäulen, Kreuzwegstationen, Gedenksteine, Grabsteine berühmter Leute, Inschrifttafeln, Denkmäler berühmter Leute, Römerstraßen und alle sonstigen Bodendenkmäler.

② Schreibe einmal auf, welche Denkmäler du in deinem Heimatort kennst! Schreibe auch die auf, die du selber unter Schutz stellen würdest!

③ Im Ort Gauting (ohne Ortsteile) gibt es 38 eingetragene Denkmäler (ohne Bodendenkmäler), in Unterbrunn sind es 7, in Krailling 13, in der Stadt Starnberg 102.

④ In deinem Heimatkundebuch findest du eine ganze Reihe von Bodendenkmälern in den Kapiteln Bronzezeit, Kelten, Römerzeit, Bajuwaren, Schlösslberg, Karlsberg.

⑤ Du findest in zahlreichen Kapiteln Hinweise auf Baudenkmäler: „Gauting", „Unterbrunn", „Oberbrunn", „Buchendorf", „Krailling", „Stockdorf", „Leutstetten", „Starnberg", „Andechs", „Schlösser am Starnberger See" ...

⑥ Im Kapitel „Wasserversorgung" findest du ein Technik-Denkmal!

⑦ Denke einmal darüber nach, was man an einem Baudenkmal verändern könnte, ohne seinen Wert zu mindern und ohne „historische Zeugnisse" zu beseitigen. Was sollte auf keinen Fall verändert werden?

⑧ Im Kapitel „Das Gautinger E-Werk" wird dir ein besonderes Baudenkmal vorgestellt! Leider wurden die alten Schwungräder und Generatoren beseitigt, bevor sie vom Denkmalschutz erfasst werden konnten. Sie wären ein technisches Denkmal gewesen, weil sie Beispiele für die Anfänge der Elektrotechnik waren.

Eine besonders schön gestaltete Villa (Germeringer Straße 2)

⑨ Vielleicht hast du das Mahnmal, das vor dem Friedhof steht, auch schon in anderen Orten des Würmtals und am Starnberger See gesehen. Diese Mahnmale stehen überall am Weg, den die Häftlinge gegangen sind. Sie wirken in ihrer Reihe wie Kreuzwegstationen.

Die Villa des berühmten Malers Leo Putz (Leo-Putz-Weg 1)

Der hl. Nepomuk, Beschützer der Würmbrücke

Das 1908 erbaute Arbeiter-Wohnhaus der Firma Julius Haerlin

Das Gautinger E-Werk

1 An der Stelle des heutigen E-Werks befand sich seit Jahrhunderten die Ortsmühle. 1898 fasste der damalige Mühlenbesitzer den Entschluss, die Wasserkraft für eine ganz moderne Sache zu nutzen: die Elektrizität. Sein kleines E-Werk versorgte zuerst nur die Gautinger Anwesen mit Strom. Damals hatten die Bauern freilich nur 1 oder 2 Glühbirnen im Haus oder im Stall. Aber das war schon ein riesiger Fortschritt! Bei der heutigen Ausstattung eines Bauernhofes mit Elektrogeräten und Maschinen würde diese Strommenge allerdings nur noch für 5 bis 6 Häuser reichen!

1907 brannte die Mühle ab. Anschließend erwarb 2
der Besitzer der Papierfabrik, Julius Haerlin, die Ruine. Er ließ 1908 das bestehende Wohnhaus errichten und das E-Werk modernisieren. Zusätzlich wurde in Königswiesen (Holzschleif) ein zweites E-Werk eingerichtet. Er konnte dann auch die Nachbarorte Unter- und Oberbrunn, Oberpfaffenhofen und Weßling mit Strom versorgen. Bereits 20 Jahre später konnte das E-Werk den stark gestiegenen Strombedarf aber nicht mehr decken, und das ganze Gebiet wurde von den Isar-Amper-Werken übernommen. Haerlin versorgte nur noch seine eigenen Häuser und die Papierfabrik. Heute wird der gesamte Strom an die Isar-Amper-Werke abgegeben.

Die ehemalige Transmission mit dem Elektro-Generator

Das Kammrad sitzt auf der Achse der Turbine und lenkt die Drehbewegung in die Waagrechte um

Im Blick auf den Hauptplatz sieht man, wie schön dieses Gebäude ist. Man erkennt auch, wie wichtig es für das Ortsbild ist.

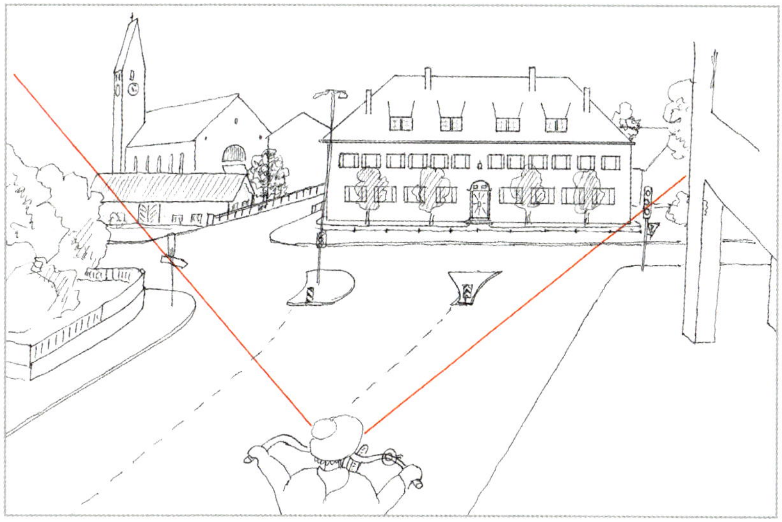

Ein Baudenkmal in der Ortsmitte

1 Das zum Gautinger E-Werk gehörige Wohngebäude ist als Baudenkmal eingetragen. Es ist mit seiner eindrucksvollen Größe und Gestaltung das wichtigste Gebäude in der Ortsmitte. Es nimmt mit der Farbgebung seines Daches, seiner Wandflächen und der Fensterläden (rot-weiß-grün) die Farben des heimischen Bauernhauses auf. Damit fügte es sich einmal sehr harmonisch in die Umgebung ein. Die Fenster, Gauben und Kamine sind ganz regelmäßig angeordnet. Das gibt dem Gebäude eine große Ruhe. Das mächtige Dach bildet ein Gegengewicht zur Fassade. Auch das trägt zur Harmonie bei. Leider werden heute nur noch sehr selten solche Dächer gebaut!

① Erkundige dich, wie man vor der Elektrizität in den Häusern „Licht" machte.

② Zum Thema „Mühle" schau im Kapitel „Die Würm als Mühlenfluss" nach.

③ Zum Thema „Elektrischer Stom in Gauting" findest du mehr bei: Karl Mayr, Gauting u. Stockdorf, S.208

④ Lass das Gebäude auf dich wirken, wenn du den Bahnhofberg hinuntergehst. Ab welcher Stelle kann man das Gebäude ganz sehen?

⑤ Prüfe die Wirkung des Gebäudes von allen vier Seiten!

⑥ Vergleiche das Foto des Vorgänger-Gebäudes im Kapitel: „Gauting war einmal ein Bauerndorf".

⑦ Denke einmal, dieses Gebäude würde abgebrochen und durch ein nicht sehr schönes Geschäftshaus (wie gegenüber) ersetzt.

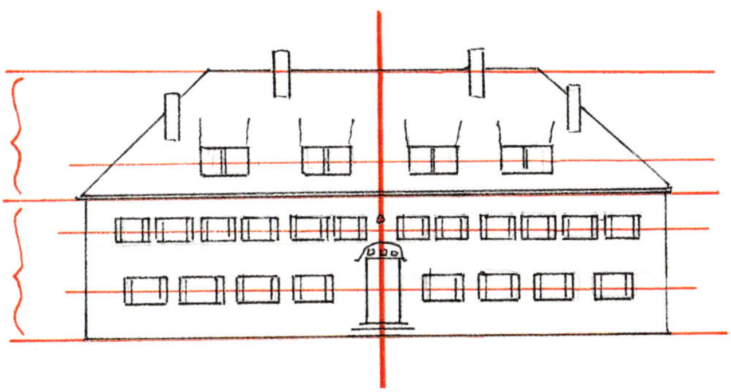

Strenge Achsen erzeugen Harmonie

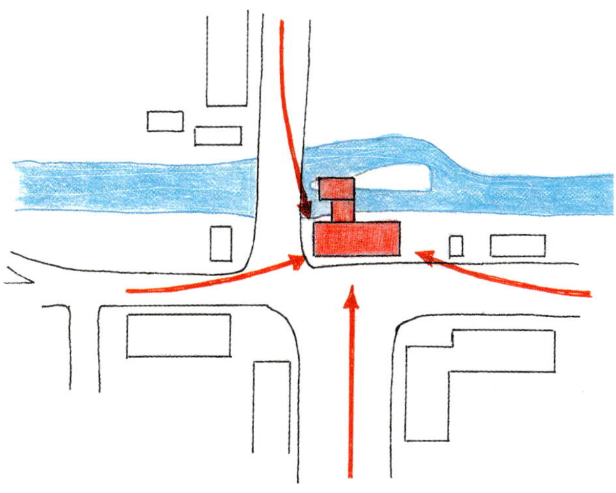

Das Bauwerk wirkt in alle Richtungen

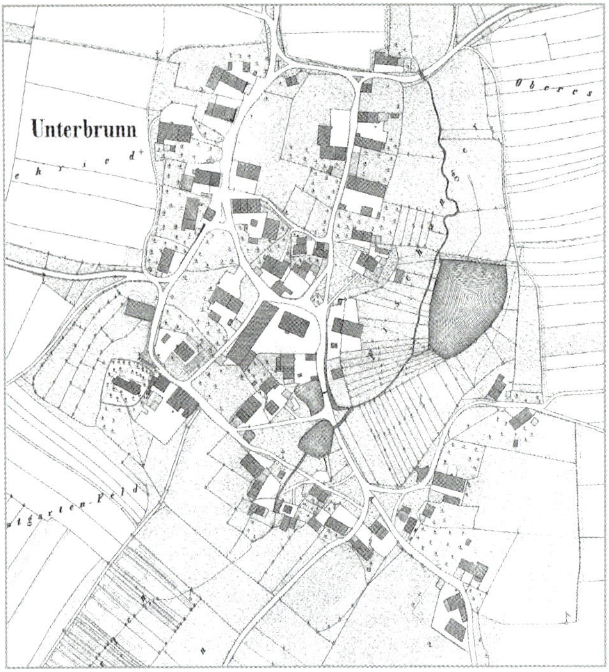

Unterbrunn, Flurkarte um 1864

Das Nachbardorf Unterbrunn

1 Unterbrunn ist, ähnlich wie Buchendorf, wohl im 7./8. Jahrhundert entstanden. Der alte „ing"-Ort Gauting hatte sich inzwischen so gut entwickelt, dass man neue Siedlungen gründen konnte (sog. Ausbausiedlungen). Unterbrunn liegt auf dem Altmoränenrücken der Riß-Eiszeit und verfügt damit über sehr fruchtbares Ackerland. Dieses ermöglichte von Anfang an sehr viel höhere Erträge als das des Dorfes Gauting. Das war zweifellos einer der Gründe für die neue Siedlung.

Unterbrunn entstand zu beiden Seiten einer 2
kleinen Senke, die sehr wasserreich ist. Gutes Wasser in unmittelbarer Nähe der Häuser war zu dieser Zeit lebenswichtig. Hier war es reichlich vorhanden. Deshalb nannte man Unter- und Oberbrunn im Mittelalter oft auch nur „Brunnen". Noch vor hundert Jahren gab es hier einige kleine Weiher, die zur Flachsbearbeitung gebraucht wurden. Auf der Karte findest du sie noch am unteren Dorfrand. Der große Unterbrunner Weiher bildet zusammen mit dem Reßbach und dem alten Dorfanger die grüne Ortsmitte. Es gibt nur wenige Dörfer bei uns, bei denen diese noch so schön erhalten ist.

Im Mittelalter war Unterbrunn zu einem großen 3
Teil im Besitz der Grafen von Andechs. Dieser Besitz wurde von ihren Ministerialen (Rittern) verwaltet, die im Dorf ansässig waren. Später schenkten die Grafen aus ihrem Besitz 11 große Höfe dem von ihnen gegründeten Kloster Dießen. Für das Kloster wurde Unterbrunn damit sogar ein Besitzschwerpunkt. Deshalb befand sich hier auch ein großer Zehentstadel. Er ist mit seinem mächtigen, schönen Walmdach noch erhalten. In ihm wurden die Abgaben gesammelt, zu denen die Bauern verpflichtet waren. Vermutlich wurde hier sogar der Zehent (= der 10. Teil der Ernte) der ganzen Umgebung eingelagert. Er wurde zum

Blick auf den Dorfweiher

Der Unterbrunner Zehentstadel (17./18. Jahrhundert)

Die Unterbrunner Pfarrkirche

Teil für den Unterhalt des Klosters, zum Teil aber auch für die Armenpflege verwendet.

4 Die Kirche finden wir hier nicht, wie üblich, in der Mitte des Dorfes, sondern am Ortsrand. Das hat seinen Grund sicher in der wasserreichen Senke, in der die Kirche und der Friedhof keinen guten Standort gehabt hätten. Vielleicht lagen die christlichen Anfänge des Ortes auch auf der anderen Seite der Senke, beim Lukas-Hof. Dort hat man nach dem Krieg Reihengräber gefunden. Sie enthielten aber keine Beigaben mehr. Das zeigt, dass die Toten bereits den christlichen Glauben angenommen hatten.

Unterbrunn ist Sitz einer alten Pfarrei, zu der 5
Oberbrunn, Hausen, Mamhofen und Frohnloh gehören. Sie zählt nicht, wie die Gautinger Pfarrei mit ihren Filialen, zur Erzdiözese München und Freising, sondern zum Bistum Augsburg.

Die Unterbrunner Kirche war früher der Mutter- 6
gottes geweiht, heute hat sie das Patrozinium St. Laurentius. In den Mauern stecken noch große Teile des Kirchenbaus aus der Zeit der Romanik (12. Jahrhundert), die starken, aus großen Feldsteinen gefügten Grundmauern vor allem. Der Chor (Altarraum) wurde in der Spätgotik (um 1500) angebaut. Weil die Kirche schon

Die Pfarrkirche St. Laurentius (Foto um 1970)

Das Deckenbild im Chor: Die Muttergottes beschützt Kurfürst Max Emanuel im Kampf gegen die Türken

Der Unterbrunner Pfarrhof

Die schönen spätgotischen Figuren auf dem Altar

im 19. Jahrhundert zu klein geworden war, wurde der wuchtige romanische Kirchturm an der Westseite abgebrochen und in neuer Form seitlich an das Kirchenschiff gesetzt.

6 Das Innere der Kirche überrascht durch seine reiche Ausstattung. Alles zeigt hier noch, dass sie einmal eine Marienkirche war. Der frühbarocke Hochaltar enthält die schönen spätgotischen Figuren der Maria mit dem Kind sowie der hl. Ursula und der hl. Barbara. Der Stuck und das Deckenbild über dem Altar sind aus dem Jahre 1754, also aus der Zeit des Rokoko. Sie gehören zum Besten, was wir in unserem Landkreis finden können. Der Stuck an der Decke des Kirchenschiffes ist etwas älter (1741).

Der Umkreis um die Pfarrkirche vereint ohne 7
Störungen durch Neubauten eine Reihe von wertvollen Baudenkmälern: Den Zehentstadel (17./18. Jahrhundert), das alte Schulhaus (1878), die Kriegerkapelle (1922) und den schönen Pfarrhof (1915). Dieses Ensemble ist einmalig im gesamten Landkreis! Bemerkenswert ist auch der Dorfplatz mit dem Maibaum und dem in seiner ursprünglichen Schönheit erhaltenen „Gasthof Böck", einem echten bayerischen Gasthof!

An der Straße nach Weßling steht die schöne 8
Laurentius-Kapelle. Sie stammt noch aus der Zeit vor 1450. Bei der letzten Renovierung kamen im Inneren Inschriften zum Vorschein, die Pilger an die Wände geschrieben hatten. Sie baten damit den hl. Laurentius um Hilfe. Die älteste Inschrift trug die Jahreszahl 1482.

Der Gasthof Böck in der Ortsmitte

Die spätgotische Laurentius–Kapelle

Die Unterbrunner Dorfschule

1 In Unterbrunn wird schon sehr früh (1501) ein Lehrer genannt. Freilich gab es damals noch keine Schule, wie wir sie heute kennen. Der Lehrer war vermutlich ein Dorfhandwerker und wohl der einzige, der neben dem Pfarrer halbwegs lesen und schreiben konnte. Sicher war er dazu auch noch Gemeindeschreiber und Mesner. Der Unterricht fand lange Zeit nur in der Stube oder in der Küche des Lehrers statt. Vielleicht hat die Frau Lehrer während des Unterrichts auch noch gekocht oder Wäsche gewaschen. Damit der Lehrer leben konnte, musste Schulgeld in Form von Naturalien (Fleisch, Eier, Milch, Korn, Brot) bezahlt werden.

2 Noch vor 1800 wurde in Unterbrunn ein eigenes kleines Schulhaus eingerichtet. Es verfiel allerdings bald in so schlechten Zustand, dass es durch das Dach in die Betten der Lehrerfamilie regnete. Es war die Zeit des „armen Dorfschulmeisterleins". In der kleinen Schulstube saßen dann an die 40 bis 60 Schulkinder.

3 Das alles wurde erst besser, als 1878 das neue Schulhaus gebaut wurde. Aber auch jetzt saßen noch alle Klassen in einem Schulzimmer beisammen. Der Lehrer heizte im Winter früh am Morgen den Kachelofen ein, die Buben mussten das Holz dazu aus dem Schuppen heraufholen. Am Ofen konnten sie dann ihre Sachen trocknen, wenn sie auf dem langen Schulweg nass geworden waren. Dann roch es im Schulzimmer so schön nach Bodenöl, nassen Lederhosen und Landwirtschaft. Die Kinder aus Oberbrunn und Hausen, aus Mamhofen, Frohnloh und Mitterwies liefen jeden Tag zu Fuß in die Schule. Das waren von Mamhofen her immerhin 6 km! Bei Wind und Wetter, Sommer wie Winter. Einen Schulbus gab es natürlich nicht.

4 Der Lehrer unterrichtete von seinem Pult aus, das auf einem Podium vor der Tafel stand. Die Kinder saßen in Viererbänken hintereinander. Es gab kaum Arbeitsmittel. Keinen Projektor und keine Folien, keine Geräte für Dias und keine Filme. Es gab auch nur ganz einfache Schulbücher. Ohne Farbbilder natürlich! Das wichtigste Arbeitsgerät war die Tafel. Die Kleinen rechneten und schrieben mit einem Griffel auf ihre Schiefertafel. Mit Schwamm und Tafellappen konnten sie alles wieder löschen. Die Kinder der Oberklassen schrieben mit der Stahlfeder in ein Heft. Jede Bank hatte dafür ein Tintenfass.

Meist ging es sehr streng her. Ohne Strenge und Ordnung wäre der Lehrer bei 60 Kindern wohl auch verloren gewesen! Der Rohrstock („Tatzenstecken") lag immer griffbereit und kam manchmal recht schnell zum Einsatz! Es hat aber nicht nur gefürchtete Lehrer gegeben. So mancher hat seine Schulkinder geliebt und hat mit ihnen schöne und erfolgreiche Schuljahre verbracht. Wie der Lehrer Kistler etwa (der mit dem Regenwasser im Bett), dem seine dankbaren Schulkinder nach seinem frühen Tod sogar eine kleine Gedenktafel an der Kirchenmauer gestiftet haben. 5

Um 1900 wurde ein zweites Schulzimmer ausgebaut. Jetzt konnte man die Kinder in zwei Klassen (1 bis 4 und 5 bis 8) teilen. Seit 1979 besuchen alle Kinder die Gautinger Schule. 6

① In unserem kleinen Schulmuseum sind viele Erinnerungen an die Landschule erhalten. Gut die Hälfte der Ausstellungsstücke stammt aus der Unterbrunner Schule. Im Kapitel „Planegg" findest du das Foto eines kleinen Schulhauses aus der Zeit von Lehrer Kistler.

Das ehemalige Schulhaus, errichtet 1878

Oberbrunn und Hausen

1 Das Dorf Oberbrunn liegt schön auf dem Abhang einer Riß-Moräne. Es ist sicher zur gleichen Zeit wie Unterbrunn entstanden und war im hohen Mittelalter ebenfalls im Besitz der Grafen von Andechs. Und wie in Unterbrunn, werden auch hier mehrere Ministerialen genannt, die als Vertreter der Grafen ihren Sitz in Oberbrunn hatten.

2 Oberbrunn weist im Vergleich zu anderen Dörfern des Landkreises eine Besonderheit auf. Es war und ist noch heute fast ganz von großen bis sehr großen Höfen (mit umfangreichem Grundbesitz) geprägt. Um 1800 hatte jeder der fünf größten Oberbrunner Bauern mehr Grund und Boden als der größte Gautinger Hof. Und weil Oberbrunn bis heute noch keinen einzigen Bauplatz an Fremde verkauft hat (eine einmalige Besonderheit im gesamten Umland!), hat es sein dörfliches Erscheinungsbild bis heute bewahren können.

3 Die alte Oberbrunner Filialkirche wurde 1864 abgebrochen, weil sie baufällig und überdies zu klein geworden war. Nur der Kirchturm mit seinem Spitzhelm konnte stehen bleiben. Der geräumige Neubau weist eine schöne und einheitliche Ausstattung aus der Bauzeit auf.

Der Weiler Hausen liegt südöstlich von Oberbrunn. Seine Lage am Rande des Königswieser Forstes lässt vermuten, dass die Siedlung im 8./9. Jahrhundert aus diesem Wald herausgerodet worden ist. Funde aus der Jungsteinzeit zeigen aber, dass die Feldflur schon viel früher von Menschen aufgesucht wurde. 4

Die Bauernhöfe in Hausen sind zum Teil noch recht ursprünglich erhalten. Sie gruppieren sich um einen kleinen Dorfweiher als Ortsmittelpunkt und ergeben dabei ein harmonisches Bild. 5

Nachdem die alte Kirche 1815 abgebrannt war, musste 1822 ein Neubau errichtet werden. Die Ausstattung ist im Stil der Zeit gehalten. 6

Mitten im Wald, auf halbem Wege nach Mühltal, steht eine kleine Kapelle, „Herrgottsruh-Kapelle" genannt. Sie wurde Ende des 19. Jahrhunderts an der Stelle einer älteren Kapelle erbaut. In ihrem Inneren ist noch der Baumstumpf erhalten, in dessen Höhlung sich damals eine kleine Figur des sitzenden „Christus in der Rast" befand. Deshalb der Name „Herrgottsruh". Einige Krücken in der Kapelle zeigen, dass das kleine Gnadenbild einmal auch von Pilgern aufgesucht wurde. Vielleicht hat der eine oder andere daraufhin wieder laufen können? 7

Blick von Westen auf Oberbrunn

Die Ortsmitte von Hausen

Frohnloh und Pentenried

1 Der Weiler Frohnloh ist vermutlich erst im hohen Mittelalter, also im 11./12. Jahrhundert, entstanden. Er ist aus dem großen Waldgebiet nördlich von Unterbrunn herausgerodet worden. Frohnloh heißt „Siedlung im Herrenwald", im Wald der Grafen von Andechs nämlich. „Fron" bedeutet „Herr". An Fronleichnam verehren wir den Leib unseres „Herrn" Jesus Christus. „Lohe" bedeutet Wald. Deshalb ist die heutige Schreibweise „Frohnloh" eigentlich falsch.

2 Frohnloh war ein kleiner Weiler von vier Höfen. Im 17. Jahrhundert wurde es zur Hofmark (geschlossener Besitz einer Adelsherrschaft) erklärt. Diese zählte bis 1848 zusammen mit Pentenried zur Hofmark Krailling. Deshalb gehörten beide auch später zur Gemeinde Krailling. Das wurde auch nicht geändert, als 1975 die Gemeinden neu geordnet wurden.

3 Frohnloh gehörte seit jeher zur Pfarrei Unterbrunn. Die kleine Kirche hat das Patrozinium St. Nikolaus. Es erinnert an die Grafen von Andechs, die viele ihrer Gründungen ihrem Schutzpatron, dem hl. Nikolaus, geweiht haben. Die Ausstattung der Kirche stammt aus der Zeit um 1700.

① Im Kapitel „Die Grafen von Andechs" erfährst du mehr über die „Herren". Im Kapitel „Krailling" kannst du über die Hofmark nachlesen.

Die Filialkirche St. Nikolaus in Frohnloh

Pentenried ist ebenfalls eine Rodung im Wald der Grafen. Diese wurde wie in Frohnloh vom Kloster Benediktbeuern durchgeführt. Deshalb hieß der Ort auch lange Zeit „Benediktenried", zusammengesetzt aus „Benedikt" und „Ried" („Ried" kommt von Rodung). 4

Pentenried bestand früher nur aus einem einzigen Anwesen, aus einem sehr großen allerdings. Man hätte leicht drei normale große Höfe daraus machen können. So große Güter wurden von den Klöstern als „Schwaigen" bezeichnet und mußten besondere Abgaben leisten. Nach dem 2. Weltkrieg wurde auf einem Teil des Gutes eine Siedlung für Flüchtlinge errichtet. 5

Die neue Heimat der Vertriebenen in Pentenried (um 1950)

Die Filialkirche St. Benedikt in Pentenried

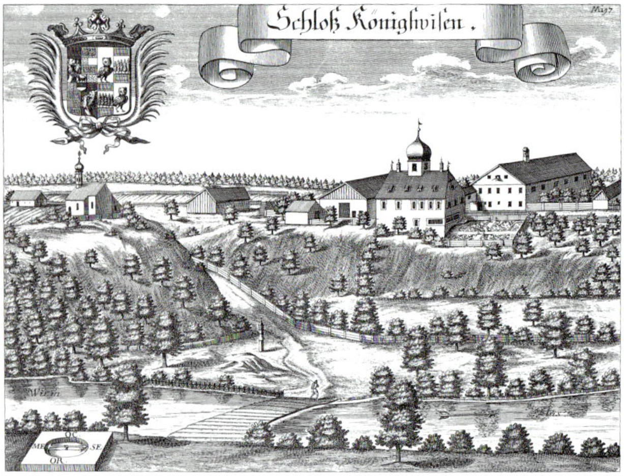

Königswiesen (Kupferstich von M. Wening, 1700)

Königswiesen, Rieden, Petersbrunn und Mühltal

1 Dort, wo heute einsam im Wald das Ulrichskircherl steht, war einmal das kleine Dorf Königswiesen. Es war im frühen Mittelalter wie der gesamte Königswieser Forst in Besitz des Königs (= Königsgut). Die Siedlung wurde vermutlich im 8./9. Jahrhundert gegründet. Es ist gut denkbar, dass dies in unmittelbarer Nähe der Römerstraße auf der Flur eines ehemaligen römischen Gutshofes geschehen ist. Um 800 n.Chr. war Karl der Große der König (später als Kaiser bezeichnet), dem vermutlich das gesamte Würmtal zwischen Gauting und Starnberg gehörte. Bereits 934 wird die Siedlung in verschiedenen Urkunden „Chuningiswisun" genannt.

1494 verlieh der bayerische Herzog das Gut 2
Königswiesen dem Patrizier Hans Weiler. Der hat sich dort ein kleines Jagdhaus errichtet. 1502 erwarb es Herzog Wolfgang und baute es zu einem kleinen Jagdschlösschen aus. Auch ein Stall für 26 Pferde und ein Zwinger für 70 Jagdhunde wurden eingerichtet. Später kam Königswiesen wieder in den Besitz verschiedener Adeliger.

Es gab in Königswiesen lange Zeit an die 3
12 Höfe. Später sank ihre Zahl auf 4, am Ende sogar auf 1 Hof. 1864 erwarb der Staat das letzte Anwesen und brach es ab. Die Flur wurde, mit Ausnahme der Kirche St. Ulrich, aufgeforstet. Der heutige Ortsteil Königswiesen hat nichts mit dem ehemaligen Ort zu tun. Er entstand erst im 19. Jh. und hieß bis nach dem 2. Weltkrieg „Hauserberg".

Der Name Rieden weist auf eine Rodung hin. Die
drei Höfe der Siedlung wurden im 19. Jahrhun- 4
dert zu einem Gut vereinigt, welches Prinz Ludwig, der spätere König Ludwig III., zu einem landwirtschaftlichen Mustergut ausbaute. Seine Flur wird heute als Golfplatz genutzt. Die kleine Kirche St. Peter und Paul gehörte früher zur Pfarrei Unterbrunn (heute zu Starnberg). Auf dem Friedhof sind einige bekannte Persönlichkeiten begraben, z.B. der Herzog von Kalabrien und die beiden bedeutenden Wissenschaftler und Nobelpreisträger Wieland und Lynen.

Das Ulrichs–Kircherl in Königswiesen

Die Filialkirche St. Peter und Paul in Rieden

Das ehemalige Bad Petersbrunn: Links die Kapelle St. Peter und das alte Wirtshaus mit dem Wirtshausschild (heute in Leutstetten). Rechts das Hotel- und Badegebäude. Die Bäuerin links trägt die alte Starnberger Tracht. (Lithographie um 1817)

5 In Petersbrunn finden wir noch eine kleine, reizvolle Kapelle. Sie ist der letzte Zeuge des ehemaligen Bades „Petersbrunn". Sie ist 1513 über einer Quelle errichtet worden, der man Heilkräfte zugeschrieben hat. Als immer mehr Leute die Quelle aufsuchten, richtete man auf Befehl des Herzogs ein Bad ein. In den ersten Jahrzehnten des 19. Jahrhunderts erlebte es seinen letzten Höhepunkt.

6 Mühltal bestand früher nur aus der Unteren und der Oberen Mühle, die beide schon im 13. Jahrhundert erwähnt werden. Etwa an der Stelle der Oberen Mühle stehen heute zwei kleine Häuschen, das sog. „Schusterhäusl" und der „Kapeller". Das Haus mit dem Rundbau (ehem. Kapelle) wurde 1736 von einem Einsiedler errichtet. Als 1854 die Eisenbahn nach Starnberg gebaut wurde, entstand auch der kleine Bahnhof, der seine Bauform bis heute nicht verändert hat.

① Zu den Mühlen lies auch im Kapitel „Auf dem Karlsberg" nach!

② Im Kapitel „Trinkwasser aus dem Mühltal" findest du etwas über die Quellen und das Pumpenwerk.

③ Auf dem Bild „Petersbrunn" kannst du am Wirtshaus ein kleines Schild (Ausleger) erkennen. Der Maler Moritz von Schwind hat es dort gesehen und in seinem Bild „Hochzeitsreise" verwendet. Heute ziert es das Gasthaus in Leutstetten. Hast du es dort schon entdeckt?

Der „Kapeller" in Mühltal

Der schöne Bahnhof Mühltal (erbaut um 1854)

Blick über das Schloss hinweg auf den Starnberger See (Lithographie von A.v.Reichl, um 1810/12)

Leutstetten

1 Im hohen Mittelalter finden wir den Ort als „Liuzilstat" in den Urkunden. „Luzel" oder „lüzel" entspricht dem englischen „little" und meint „klein". Leutstetten wird also als „kleine Siedlung" oder als „Dörfchen" tituliert.

2 Zu größerer Bedeutung kam der Ort, als die Burg der Wittelsbacher oben auf dem Karlsberg entstand. Da konnten sich die Bauernkinder nicht satt sehen, wenn hohe Gäste den schmalen Pfad hinaufritten, wenn die Jagdgesellschaft mit ihrer bellenden Hundemeute durch das Dorf zog. Oder, wenn der Wittelsbacher Pfalzgraf in prächtiger Rüstung und von seinem bunten Gefolge begleitet von der Burg herunterkam. Vor allem gehörten die Burgbesatzung und die Ministerialen zum täglichen Bild. Die Kinder kannten sie alle, den edlen Ritter Arnold von Leutstetten etwa oder die Ministerialen Hermann und Degenhart Fuß von Karlsberg.

Leutstetten ist aber sicher älter als die Burg. 3
Schon um 800 schenkte Kysila, die Schwester Karls des Großen, bedeutende Güter und die Kirche in Leutstetten dem Kloster Benediktbeuern.

Nach dem Ende der Karlsburg wurde es stiller in 4
Leutstetten. Erst als der Münchner Patrizier Hans Urmiller 1565 das Schloss erbauen ließ, kam wieder Farbe in das Leben des Dorfes. Das Schloss sei mit Baumaterial von der Karlsburg erbaut worden, berichtet die Überlieferung. Es hat seine charakteristische Bauform bewahrt und verfügt mit seinem Standort auf dem Moränen-Hufeisen bis heute über einen herrlichen Blick in die Landschaft. Im frühen 19.Jahrhun-

Leutstetten (Kupferstich von M.Wening, um 1700)

Schloss Leutstetten

dert wurde der schöne Schlosspark nach dem Vorbild der englischen Landschaftsgärten angelegt. 1875 erwarben der spätere König Ludwig III. (der letzte bayerische König) und seine Frau Therese das Schloss. Ihre Nachfahren besitzen es noch heute.

5 Die kleine Kirche St.Alto gehört seit jeher zur Pfarrei Gauting. Die Ausstattung überrascht durch ihren Reichtum und ihre Qualität. Besonders bemerkenswert ist der linke Seitenaltar mit dem „Pfingstwunder", einem wertvollen Schnitzwerk der Spätgotik. Auch den Grabstein aus der Römerzeit (unter dem rechten Seitenaltar) und die schöne Madonna im Rosenkranz sollte man nicht übersehen. An der rechten Wand befindet sich das Bild der Seligen Drei Frauen, Ainpet, Firpet und Gberpet, die früher in der nahen „Einbettl"-Kapelle verehrt wurden.

① Die Lage von Leutstetten auf dem Moränenwall (Moränen-Hufeisen) kannst du gut auf den Karten im Kapitel „Wie unsere Landschaft entstanden ist" sehen.
③ Zu Leutstetten siehe auch Kapitel „Auf dem Karlsberg".
④ Neben dem Maibaum steht ein Gedenkstein, den sich die Leutstettener zur Erinnerung an ihre selbständige Gemeinde errichtet haben. Darauf findest du das Wappen der Gemeinde. Überlege, was die drei Kronen im Wappen bedeuten.
④ Zur Kirche St. Alto findest du auch in den Kapiteln „Pfarrkirche St. Benedikt" und „Frauenkirche" etwas.
⑤ Im Kapitel „Römische Gutshöfe" erfährst du etwas über die Römervilla bei Leutstetten. Über den römischen Grabstein steht etwas im Kapitel „Der römische Friedhof".

Leutstetten, Kirche St. Alto

Inneres der Leutstettener Kirche

Blick von Süden auf Stockdorf
(Ölgemälde von A. H. Paulus, 1895)

Stockdorf

1 Stockdorf ist der Ortsteil, der am längsten zu Gauting gehört. Es ist schon 1818 der Gemeinde Gauting angeschlossen worden. Stockdorf ist im 7./8. Jahrhundert etwa gegründet worden, und zwar vermutlich von Gauting aus. Der Ortsname leitet sich wohl von den Wurzelstöcken der gefällten Bäume her. Vermutlich war der engere Waldgürtel um die frühen Bajuwarensiedlungen Gauting und Krailling für Hausbau und Herdfeuer schon bald stark gelichtet worden. Man ließ damals die meisten Wurzelstöcke stehen, weil es zu schwierig gewesen wäre, sie alle aus dem Waldboden zu holen. Als man dann eine Ausbausiedlung plante, wurde vermutlich dieser bereits abgeholzte Bereich für die Dorfgründung bestimmt. Der neue Ort wird zwar erst 1242 in den Urkunden genannt, aber als „Staodorf", „Stochdorf" und „Stokdorf" schon beinahe in seiner heutigen Namensform. 1416 wird der Ortsname erstmals „Stockdorf" geschrieben.

Die Stockdorfer Flur ist aber sicher uraltes Siedlungsland. Wir finden in unmittelbarer Umgebung umfangreiche Hügelgräberfriedhöfe aus der Bronze- und Hallstattzeit: Beim Bahnhof (im „Angerholz"), östlich der Grubmühle, östlich von Stockdorf (im Waldstück mit dem Flurnamen „Gänskragen") und etwas nördlich da-

Stockdorf (Flurkarte 1812)

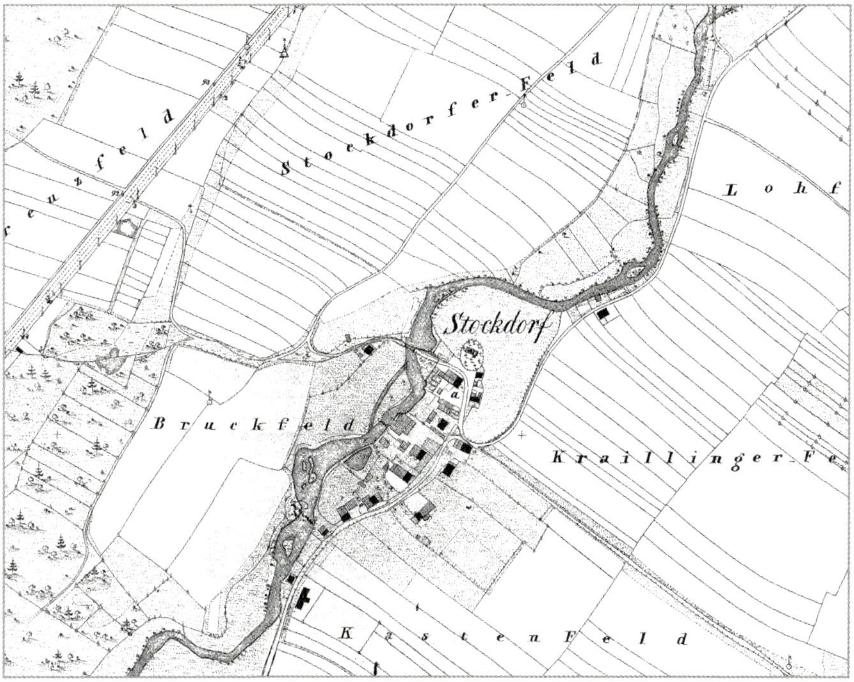

von. Sie beweisen, dass das Land hier in der späten Bronzezeit besiedelt war. Da Stockdorf fast im Zentrum dieser Friedhöfe liegt, ist anzunehmen, dass es hier an der Würm auch eine entsprechende Siedlung gegeben hat.

3 Stockdorf wurde, anders als Gauting, Buchendorf und Unterbrunn, als typisches Straßendorf angelegt. Die Höfe lagen hier, wie auch in Krailling, alle an der alten Handelsstraße, die wohl seit der Bronzezeit (wenn nicht noch früher) dem Flusslauf der Würm folgte. Die meisten Höfe standen dabei mit dem Giebel zur Straße. Stockdorf war zwischen den alten „ing"-Orten Gauting und Krailling freilich von Anfang an etwas beengt. Deshalb hat es sich in den folgenden Jahrhunderten zu keinem großen Bauerndorf mehr entwickeln können. Es bestand im 19. Jahrhundert aus nur 7 Anwesen mit vergleichsweise geringem Grundbesitz.

Die St. Vitus-Kirche und links der alte Haberlhof (abgebrochen 1973)

Lehrer Dengler und seine Schulkinder (Klassen 1 bis 8) der Stockdorfer Dorfschule. (Ölgemälde von Felix Schwormstädt, 1912)

4 Die kleine Stockdorfer St. Vitus-Kirche wird schon 1315 als Filialkirche der Pfarrei Gauting genannt. In der Folgezeit wird wiederholt ihr schlechter Bauzustand beklagt. Aus diesem Grunde wurde die alte Kirche 1857 abgebrochen und durch einen Neubau ersetzt. Leider ging damals auch die schöne barocke Ausstattung verloren. Nur zwei Figuren sind davon übrig geblieben. Sie befinden sich heute in der neuen Kirche. Als sich Stockdorf zu einem größeren Villenort entwickelte, wurde es 1949 zur Pfarrkuratie, 1957 zur selbständigen Pfarrei erhoben. Inzwischen war die alte Kirche auch viel zu klein geworden. Deshalb wurde 1953 die neue Pfarrkirche St. Vitus errichtet. Die alte Kirche wurde 1964 zu einer Krieger-Gedächtnisstätte umgebaut. Seit 1959 besitzt Stockdorf auch eine eigene evangelische Pfarrkirche an der Peter-Dörfler-Straße.

Bis über das Ende des 19. Jahrhunderts hinaus 5
besaß Stockdorf keine eigene Schule. Die Kinder mussten deshalb den weiten Weg nach Planegg oder nach Gauting gehen, um einen Schulunterricht besuchen zu können. Als die Räume in Gauting nicht mehr ausreichten, wurde beschlossen, für die Kinder aus Stockdorf und Buchendorf eigene Schulhäuser zu errichten. Es dauerte aber noch bis zum Jahre 1910, bis das neue Stockdorfer Schulhaus eingeweiht werden konnte. Der erste Lehrer hieß Albert Dengler. Aber auch der spätere Rektor und Kreisheimatpfleger Alfons Köbele soll hier nicht vergessen werden. Er entfaltete an seiner Schule über viele Jahre eine segensreiche Tätigkeit, die vor allem für das kulturelle Leben Stockdorfs von großer Bedeutung war. 1954 wurde die neue Grundschule an der Würm gebaut. Sie erhielt anfangs vier Klassen-

Das alte Schulhaus von 1910

Das neue Schulhaus an der Würm

zimmer, musste aber schon 1967 durch neue Klassenräume erweitert werden.

6 Die geringere Wirtschaftskraft der Höfe war wohl auch der Anlass, dass in Stockdorf schon früh landwirtschaftlicher Grund aufgegeben und mit kleinen Einfamilienhäusern bebaut wurde. Vor allem der Bau der Bahnstation Stockdorf 1902 und die dadurch erreichte günstige Verkehrsanbindung nach München beschleunigten das Wachstum des Ortes. So wurden zwischen Bahn und Würm von 1900 bis 1914 allein 77 Wohnhäuser errichtet. Aber auch westlich der Bahn, in der „Alpenstraße" und am „Kreuzweg" wurde gebaut. Dort wurde 1912 auch das „Prinzessin Ludwig-Kinderheim" für behinderte und pflegebedürftige Kinder errichtet. Es wurde von Franziskaner-Ordensschwestern betreut. 1957 wurde das Heim in die „Würmtalklinik" umgewandelt. Nach dem Zweiten Weltkrieg steigerte sich dann auch in Stockdorf die Bautätigkeit ganz enorm.

Vor allem im sog. „Dichterviertel" reihte sich seit 7
1950 ein Haus an das andere. In diesem Quartier hat man eine große Zahl von Straßen nach bekannten Dichtern und Schriftstellern benannt. Berühmte Dichter wie Ludwig Thoma, Peter Rosegger, Hans Carossa, Ina Seidel, Ludwig Ganghofer oder Paul Keller wurden hier mit Straßennamen geehrt. Aber auch solche, deren Namen heute nicht mehr so geläufig sind, wie Karl Stieler, Franz Kobell, Ludwig Anzengruber, Max Dingler oder Georg Queri. Sie haben vor allem viel in bayerischer Mundart geschrieben.

Eine kleine Villa, Bahnstraße 36 (erbaut 1912)

Ein Wohnhaus am Kreuzweg (erbaut um 1905/10)

Das ehemalige Prinzessin-Ludwig-Kinderheim

Die Grubmühle (Zeichnung von S. Kühnel, 1941)

Die Vitusstraße ist allerdings nach dem Patron der Pfarrkirche benannt. So hat leider Maximilian Vitus, der einzige Schriftsteller, der wirklich in Stockdorf gewohnt hat, keinen Straßennamen bekommen. Seine in Mundart geschriebenen Bühnenstücke sind heute noch sehr beliebt und werden von vielen Bauerntheatern gespielt.

8 Heute sind in Stockdorf nur noch wenige freie Bauplätze zu haben. Der Ort stößt überall an seine Grenzen, im Norden ist er bereits mit Krailling zusammengewachsen. Leider erfasst die Bautätigkeit inzwischen auch die bebauten Grundstücke. Es wird hier ebenso verdichtet wie in Gauting und Krailling. Immer mehr alte Häuser werden in nüchterner Form modernisiert oder ganz abgebrochen, die schönen Gärten werden geteilt und verbaut. Damit verliert Stockdorf mehr und mehr seine einstige Schönheit.

9 In Stockdorf haben sich schon früh Industriebetriebe niedergelassen, die sich bis heute stark entwickelt haben. So die Firmen Stanz-Schmidt (seit 1929), Quarzkeramik (1942) oder das heute weltbekannte Webasto-Werk. Wilhelm Baier, der Gründer der Firma, war schon 1907 nach Stockdorf gekommen. Heute ist die Firma einer der größten Hersteller für Autoschiebedächer und Fahrzeug-Heizungen.

10 1883 erwarb Kommerzienrat Hänle den Grasberger-Hof (Haus-Nr. 3) und richtete dort anstelle des alten, von der Würm angetriebenen Sägewerks eine Metallschlägerei ein. Dort wurde Kupfer mit schweren, von einem Wasserrad bewegten Hämmern zu einer hauchdünnen Auflage für Goldpapier geschlagen. Die Metallabfälle wurden in der Grubmühle zu Bronzepulver verarbeitet. Diese „Metallpapier-, Bronzefarben- und Blattmetall-Fabrik" stellte 1976 ihren Betrieb ein.

Dass sich östlich von Stockdorf, am sog. Krail- 1
linger Geräumt und ca. 800 m vom Ortsrand entfernt, einmal ein kurfürstliches Jagdhaus befunden hat, weiß heute kaum noch jemand. Es war das sog. „Blaue Haus", ein kleiner Holzbau, welcher der Münchner Hofgesellschaft als Jagdaufenthalt diente. Es gab westlich von München und im Forstenrieder Park noch ein paar weitere Jagdhäuser, ein Rotes Haus, ein Gelbes Haus und ein Grünes Haus. Das „Blaue Haus" wurde bereits 1746 wieder abgebrochen.

Das Gemälde erzählt uns eine wahre Begeben- 1
heit. Kurfürst Karl Albrecht, der spätere Kaiser Karl VII., hatte am 24. November 1734 ein Wildschwein verfolgt, welches in seiner Not durch die Würm flüchtete. Der Kurfürst stürzte dabei vom Pferd und fiel in das reißende, eiskalte Wasser. Nachdem er sich ans Ufer gerettet hatte, suchte er frierend im Haus des Grubmüllers Schutz. Später wurde er zum „Blauen Haus" gebracht. Das Bild zeigt uns, wie dem Kurfürsten

Die Jagdgesellschaft beim „Blauen Haus" östlich von Stockdorf. Ein Diener zieht dem Kurfürsten Karl Albrecht die nassen Stiefel aus. (Ölgemälde von P. Horemans in der Amalienburg im Nymphenburger Schlosspark, 1772)

hier die durchnässten Stiefel ausgezogen werden, während er auf dem Rücken eines Dieners sitzt. Hinter ihm sieht man den Grafen Lippiziani mit den nassen Kleidern, an der Seite steht der Kurprinz Max Joseph. Ein Diener hält dem durchgegangenen Pferd die Augen zu, um es zu beruhigen. Hinter der Hofgesellschaft steht der Grubmüller mit seinem Pferd.

3 Die Grubmühle (Gubmühl, Guebmühl, oft einfach nur Gueb genannt) gehörte zu den alten Mühlen an der Würm und wird erstmals um 1400 in den Urkunden erwähnt. Besitzer war zu dieser Zeit Konrad von Preysing. Zur Mühle gehörte damals auch ein Fischrecht, welches später der Hofmarksherr von Krailling erwarb. In der zweiten Hälfte des 16. Jahrhunderts gehörte die Mühle zur Hofmark Königswiesen (Familie Weiler). Um 1840 bestanden dort eine Mehlmühle, eine Ölmühle (Pflanzenöl) und eine Sägmühle. Auch eine Branntweinbrennerei gehörte dazu. Als die Mühle 1878 abbrannte, wurde der Mühlenbetrieb eingestellt. 1883 erwarb Kommerzienrat Hänle mit dem Grasberger-Hof auch die Mühlengebäude und richtete einen modernen Industriebetrieb ein.

Unmittelbar westlich der Grubmühle wurde ein 14
schöner Bronzekessel aus einem Hügelgrab der Hallstattzeit geborgen. Er ist im Kapitel „Die Bronze- und Hallstattzeit" abgebildet.

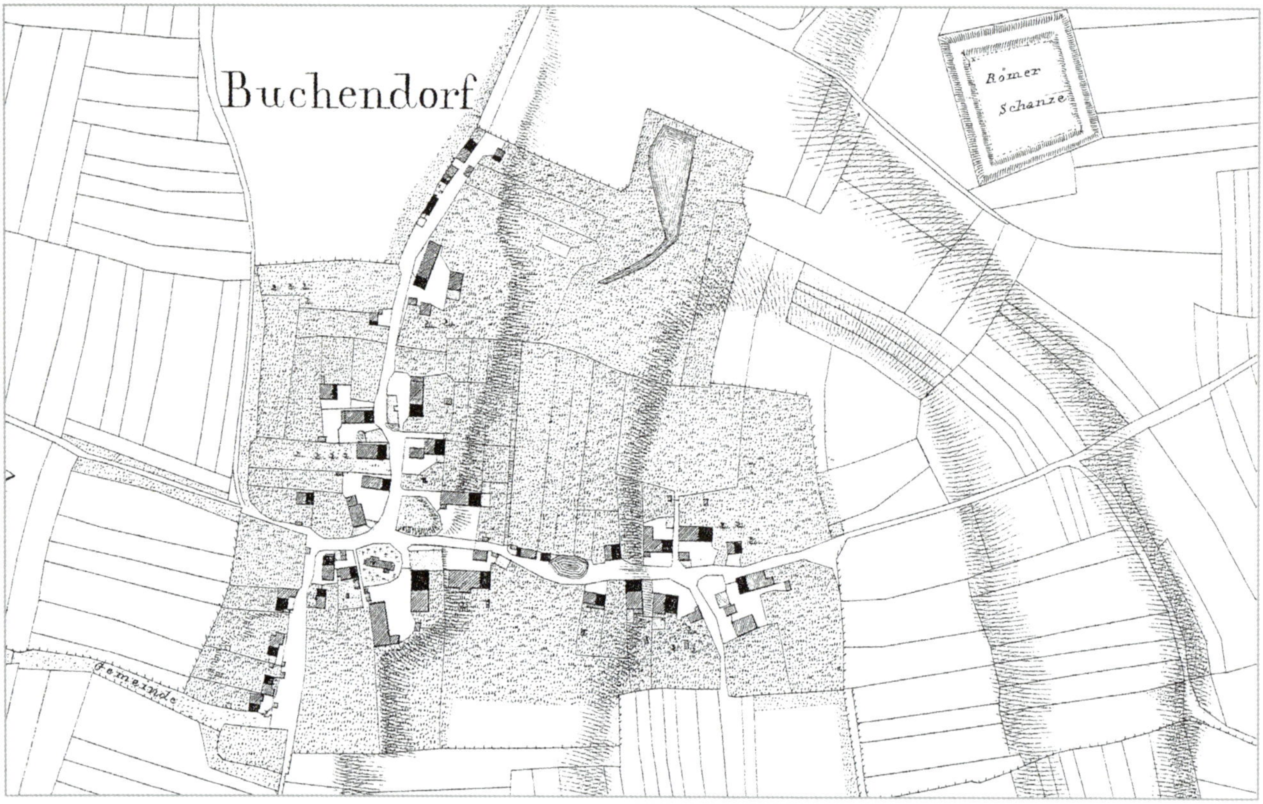

Buchendorf (Flurkarte 1815). Man erkennt hier deutlich die beiden Schwerpunkte der Siedlung, getrennt durch die kleine Senke.

Buchendorf

1 Buchendorf ist wahrscheinlich im 7. Jahrhundert gegründet worden. Auf der alten Flurkarte kannst du erkennen, dass es sich aus zwei Siedlungskernen zu beiden Seiten einer kleinen Senke zu einem Haufendorf entwickelt hat. Urkundlich wird der Ort erst im 12. Jahrhundert als „Pouchardorf" genannt. Der Name bedeutet: „Dorf der Leute bei den Buchen oder am Buchenwald". Wir erfahren allerdings schon aus einer um 800 ausgestellten Urkunde, dass Kysila, eine Schwester Karls des Großen, mit den Kirchen von Gauting und Leutstetten auch die

Ein altes Bauernhaus im Ortszentrum (vor dem Umbau)

Ein Stück ursprünglich gebliebenes Buchendorf

Der ehemalige Pfarrhof von Gauting und Buchendorf (bis 1904)

Buchendorfer Kirche und mehrere Güter dem Kloster Benediktbeuern geschenkt hat.

2 Der Ort liegt im Zentrum einer fast kreisrunden Rodungsfläche. Er hat Anteil an den Altmoränen der Riß-Eiszeit und verfügt daher über sehr fruchtbare Böden.

3 Um 1800 besaß der Ort 32 Höfe. Diese Zahl hat sich bis in unsere Zeit nicht wesentlich verändert. Erst nach dem Zweiten Weltkrieg vollzog sich im Dorf ein Wandel. Immer mehr Bauern gaben ihre Landwirtschaft auf oder mussten einer Nebentätigkeit nachgehen, um überleben zu können. In den letzten 30 Jahren wurden zahlreiche Bauernhöfe abgerissen und durch moderne Gebäude ersetzt. So ist der dörfliche Charakter nur noch um die Kirche und um das Wirtshaus erhalten geblieben. Die alteingesessenen Bürger versuchen aber in ihren Vereinen, das dörfliche Leben und die alten Bräuche weiterleben zu lassen.

Der alte Wasserturm, jetzt ein ungewöhnliches Wohnhaus

Die Mariensäule, aufgestellt als Dank für die Rettung vor Waldschädlingen 1891/92

4 Die Kirche St. Michael befindet sich auf einer kleinen Anhöhe, die von der Friedhofsmauer umschlossen wird. Wie bei der Unterbrunner Kirche ist ihr Baukörper im Laufe verschiedener Epochen gewachsen. Teile des Mauerwerks stammen aus der Romanik (12. und 13. Jahrhundert), andere aus der Gotik (15./16. Jahrhundert). Bei der letzten Renovierung 1996 wurden unter dem Fußboden noch Spuren der ersten Holzkirche aus dem 7./8. Jahrhundert und ihres aus Feldsteinen gebauten Nachfolgers gefunden. Wie sich die Kirche entwickelt hat, kannst du gut auf der Abbildung mit den verschiedenen Modellen verfolgen.

Das ehemalige Buchendorfer Schulhaus

Die Entwicklung der Buchendorfer Kirche, dargestellt an Hand von Modellen (Originale im Gautinger Rathaus)

5 Auch die Innenausstattung stammt aus verschiedenen Epochen, sie ist aber hauptsächlich durch den interessanten Freskenschmuck aus dem Jahre 1595 geprägt. Er ist erst während der Innenrenovierung der Kirche im Jahre 1962 wieder entdeckt worden. Die Fresken zeigen den hl. Georg und Darstellungen aus der Passionsgeschichte. Die Bauern hatten schon immer eine besondere Beziehung zu allen Heiligen, zu denen sie mit ihren Nöten kommen konnten. So ist es nicht verwunderlich, dass wir in den Dorfkirchen Bilder oder Figuren der verschiedenen Schutzheiligen finden. In Buchendorf schmückt der heilige Michael den Altar. Die Figur ist eine meisterhafte Arbeit des berühmten Münchner Bildhauers des Rokoko, Johann Baptist Straub. An Stelle der Seitenaltäre finden wir die Figuren des hl. Georg und des hl. Florian. Weitere Heiligenfiguren sind über den ganzen Innenraum verteilt.

6 Verdeckt hinter der Kirche liegt das ehemalige Kloster der Englischen Fräulein mit dem alten Pfarrhof. Die Schwestern waren im Jahre 1910 nach Buchendorf gekommen. Sie bewirtschafteten hier einen Gutsbetrieb und führten ein Altenheim des Ordens. 1975 mussten sie die Landwirtschaft jedoch einstellen und die Felder verpachten. Das Kloster blieb weiterhin als Ruhesitz der Ordensschwestern erhalten. Wenige Jahre später musste aber auch das Altenheim aufgegeben werden.

Das Hauptgebäude des Klosters (mit dem Treppengiebel) ist 1857 als Pfarrhof erbaut worden. Buchendorf war nämlich von 1580 bis 1905 Sitz der Pfarrei Gauting. Der Pfarrer wohnte also in Buchendorf, obwohl die Pfarrkirche in Gauting stand! Warum das so war, wissen wir nicht. 7

Buchendorf besaß lange Zeit kein eigenes Schulhaus. Erst im Jahre 1908 wurde in der Ortsmitte ein Grundstück gekauft, auf dem der Gautinger Baumeister August Hörmann ein schönes und großzügiges Gebäude errichtete. 8

So mussten die Kinder den beschwerlichen Fußweg nach Gauting nicht mehr tagein, tagaus auf sich nehmen. Alle Kinder konnten nun im Ort unterrichtet werden. Sämtliche Jahrgangsstufen lernten in einem großen Klassenzimmer. Im Jahre 1937 wurde die Schule aufgelöst, da die Kinderzahl stark gesunken war. 9

Nach dem Zweiten Weltkrieg siedelten sich jedoch viele Flüchtlinge in Buchendorf an und die Schülerzahl wuchs wieder stark an. Deshalb wurde die Buchendorfer Schule wieder eröffnet. Erst 1969 wurde der Schulbetrieb endgültig eingestellt. 1

Die Filialkirche St. Michael

① Über die Buchendorfer Flur erfährst du mehr im Kapitel „Wie unsere Landschaft entstanden ist"
② Zur Gründung von Buchendorf und zur Rodungsinsel lies im Kapitel „Spätere Ortsgründungen" nach. Beachte besonders die Karte!
③ Zur Schule Buchendorf lies auch die Kapitel „Die Unterbrunner Dorfschule", „Gautinger Schulgeschichte" und die Kapitel über „Stockdorf" und „Krailling"!

St. Michael, vom Ortszentrum aus gesehen

Der hl. Erzengel Michael mit der Seelenwaage

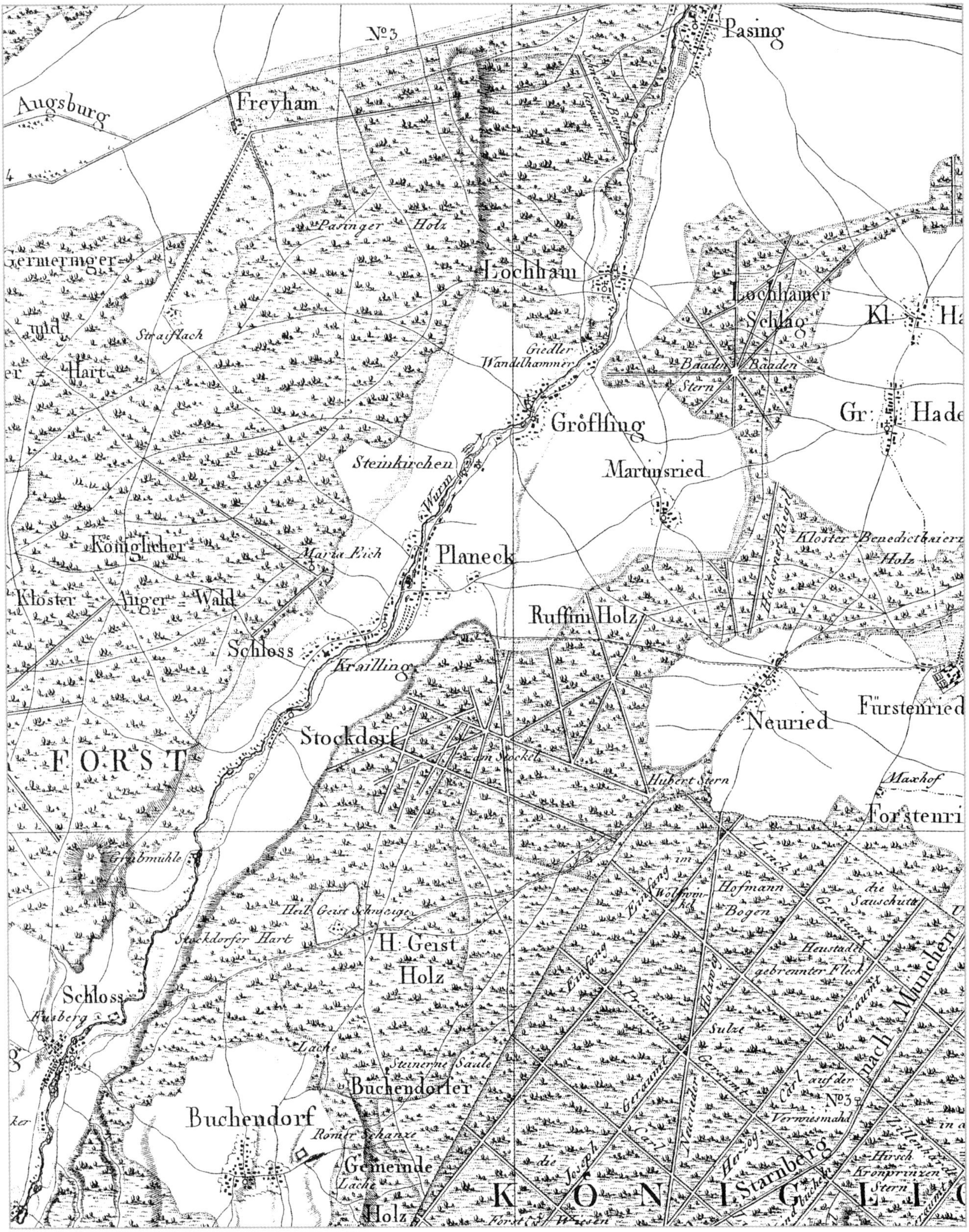

Das Würmtal zwischen Gauting und Pasing (Karte um 1818)

Krailling

1 Krailling gehört wie Gauting zu den ersten bajuwarischen Siedlungen. Man erkennt sie an der „ing"-Endung. Wir haben im Kapitel „Das Dorf der Bajuwaren" schon erfahren, dass das Würmtal damals besonders dicht besiedelt wurde. Die Würm lieferte nämlich nicht nur gutes Wasser. Sie wurde seit vielen Jahrhunderten von einem alten Handelsweg begleitet, der für die Siedler sicher von großer Bedeutung war. Möglicherweise war dieser auch von den Römern als Verbindung zur Donau genutzt und weiter ausgebaut worden. Und nicht zuletzt dürfte das Würmtal an dieser Stelle schon in der Bronzezeit und der Zeit der Kelten besiedelt gewesen sein. Zu den vielen Hügelgräbern bei Planegg und vor allem bei Stockdorf müssen auch kleine Siedlungen mit ihren Feldfluren gehört haben.

2 Krailling erscheint zwar erst 1087 in den Urkunden, ist aber sicher bereits im 6. Jahrhundert entstanden. „Chrouwilingen" wird es in dieser Urkunde genannt. Aus dieser frühen Namensform kann man schließen, dass das Dorf von einem „Chrouwilo" gegründet worden ist. Er war von der adeligen Herrschaft als Anführer und Verwalter bestimmt worden, und nach ihm nannten die Nachbarn das Dorf „bei Chrouwilo und seinen Leuten".

Krailling war eine Siedlung, deren Feldflur von Anfang an nicht die sonst übliche Größe der „ing"-Orte erreichte. Es war deutlich kleiner als Gräfelfing und Gauting. Das hatte zur Folge, dass Krailling später weit weniger Anwesen zählte als seine Nachbarn, und dass seine Höfe nur über vergleichsweise geringen Grundbesitz verfügten. 3

Ein Blick auf die Karte von 1812 zeigt, dass Krailling als Straßendorf angelegt wurde. Die Höfe lagen also nicht in einem „Haufen" beisammen (= Haufendorf wie Gauting), sondern reihten sich alle entlang einer Straße, der heutigen Margaretenstraße. Das bestätigt die Vermutung, dass die ersten Siedler hier schon eine Straße vorgefunden haben. 4

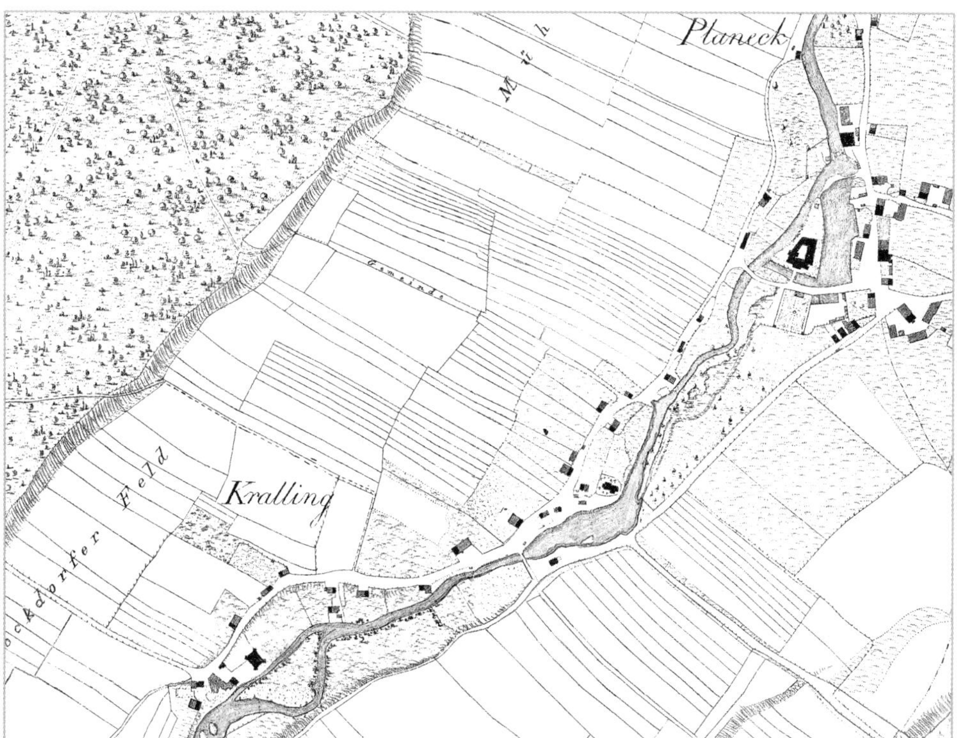

Krailling und Planegg (Flurkarte von 1812)

Der Schalkhammerhof vor 1900 (Margaretenstraße 34)

Der Hauserhof, abgebrannt 1910 (Margaretenstraße 22)

5 Auf dem Wening-Stich mit dem Kraillinger Schloss kannst du gut erkennen, wie die Bauernhäuser um 1700 ausgesehen haben. Sie waren fast alle noch aus Holz gebaut (in Blockbauweise) und mit einem Strohdach versehen. Auch die beiden Fotos mit dem Schalkhammerhof und dem Hauserhof sind eine Erinnerung an das einstige Bauerndorf.

6 Zu einer frühen bajuwarischen Siedlung gehörte natürlich ein Friedhof. Auch in Krailling hat man bereits im Bereich Bergstraße–Hackerberg die für diese Zeit typischen Reihengräber aufgedeckt. Die Grabbeigaben, die sie enthielten, verrieten, dass diese frühen Kraillinger das Christentum noch nicht angenommen hatten.

Als sich die Landwirtschaft in den ersten Dörfern 7
erfolgreich entwickelt hatte und die Zahl der Familien zunahm, wurden neue Siedlungen gegründet. Meist mussten die benötigten Fluren erst mühsam aus dem Wald gerodet werden. Auch im Umkreis von Krailling gibt es eine Reihe solcher „Ausbausiedlungen". Stockdorf zum Beispiel, das wohl im 7./8. Jahrhundert besiedelt wurde. Im 9. Jahrhundert wurde Steinkirchen gegründet, im 12. Jahrhundert schließlich Martinsried, Kreuzing sowie Frohnloh und Pentenried. Von Planegg wird später noch die Rede sein.

① Zu den frühen Gründungen der Bajuwaren lies nach im Kapitel „Das Dorf der Bajuwaren".

② Zur Römerstraße und dem alten Handelsweg entlang der Würm findest du mehr in den Kapiteln „Römerstraßen" und „Bratananium" sowie „Die Würm".

Das Kirchenschuster- Anwesen und St. Margaret

Der Alte Wirt nach der Renovierung

③ Zum Thema „Reihengräber" lies bei „Reihengräber-Friedhof" nach.

④ Zum Thema „Rodungen" findest du etwas in den Kapiteln „Spätere Ortsgründungen" und „Frohnloh und Pentenried".

⑤ Lies auch das Kapitel „Gauting war einmal ein Bauerndorf". Hier erfährst du etwas über das Leben der „großen" Bauern und der „kleinen Leute" im Dorf. Was dort über Gauting gesagt wird, gilt auch für Krailling.

8 Nachdem die bajuwarischen Siedler das Christentum angenommen hatten, wurde vermutlich auch ein erster Kirchenbau errichtet. Dieser stand wohl schon an der Stelle, an der sich heute die kleine Kirche St. Margaret befindet. Auch ein neuer Friedhof für die getauften Kraillinger wurde hier angelegt. Weil Krailling aber nur ein vergleichsweise kleines Dorf war, hat sich hier keine eigene Pfarrei entwickelt. Krailling erscheint darum schon 1315 als Filiale der Pfarrei Gräfelfing. 1878 wurde es nach Martinsried umgepfarrt. Als sich jedoch Planegg nach dem Bau der Eisenbahn rasch zu einer großen Gemeinde entwickelte, wurde der Pfarrsitz 1921 nach Planegg verlegt. Seitdem gehört Krailling zur Pfarrei St. Elisabeth. Die evangelische Kirchengemeinde hat ihren Pfarrsitz ebenfalls in Planegg.

Das bestehende Kraillinger Margareten-Kirch- 9
lein wurde in der Spätgotik erbaut. Der Wening-Stich mit dem Hofmarkschloss zeigt die Kirche noch in ihrer ursprünglichen Bauform mit dem gotischen Satteltürm. Im Chor (Altarraum) mit seinem Rippengewölbe lässt sich der Stil der Bauzeit (1587) noch gut ablesen. Das Kirchenschiff wurde 1682 noch einmal umgestaltet. Das besondere Schmuckstück der schönen Kirche ist der Altar aus der Zeit des Rokoko (18. Jahrhundert). Er enthält eine spätgotische Figur der Muttergottes, die hier als Himmelskönigin dargestellt ist. Zu beiden Seiten stehen zwischen den gedrehten Säulen die hl. Margarete und der hl. Leonhard, den die Bauern als Viehpatron verehrten. Im Kirchenschiff finden wir eine weitere schöne Marienfigur sowie die ganz in Weiß gehaltenen Büsten von Christus und Maria aus der

Die Filialkirche St. Margaret

Blick auf den Chor mit dem schönen Marienaltar

Das ehemalige Hofmarksschloss Krailling (Kupferstich von Michael Wening um 1700). Beachte die Bauweise der damaligen Bauernhäuser! Sie sind zum größten Teil noch vollständig aus Holz gebaut.

Werkstatt des berühmten Münchner Bildhauers Johann Baptist Straub.

10 Am südlichen Ende des Dorfes stand einmal das Schloss Krailling. Es war inmitten des Bauerndorfes ein außergewöhnlich stattliches Gebäude und es flößte den einfachen Dorfbewohnern sicher Bewunderung und Respekt ein. Mit seinem Steildach und den vier Ecktürmchen erinnert es ein wenig an Schloss Leutstetten. Beide vermitteln uns ein schönes Bild eines kleinen bayerischen Landschlosses.

11 Das Schloss ist Ende des 16. Jahrhunderts als Wohnsitz des Kraillinger Hofmarksherrn erbaut worden. Herzog Wilhelm V. von Bayern hatte nämlich 1586 dem Erhard von Muggenthal die Edelmannsfreiheit für seine Kraillinger Besitzungen verliehen. Hatte ein Adeliger oder ein Kloster größeren Besitz in einem Dorf, so konnte man für diesen das Hofmarksrecht erwerben. Der Hofmarksherr hatte dann nicht nur das Recht, von den Bauern Abgaben und Arbeitsleistungen (Scharwerk) zu verlangen. Er erhielt auch die niedere Gerichtsbarkeit über seine Untertanen zugesprochen. Er war dann Herr und Richter über alle Rechtsfälle und Streitsachen in seiner Hofmark, ausgenommen die ganz schweren Verbrechen. Für die Verwaltung seiner Hofmark standen ihm ein Hofmarksrichter und ein Amtmann zur Seite.

Ein Hofmarksherr durfte auch seinen Besitz in anderen Dörfern in die Hofmark mit aufnehmen. Er konnte sogar mehrere Hofmarken besitzen und sie dann zusammenlegen. Aus diesem Grund zählten später Frohnloh und Pentenried zur Hofmark Krailling und gehören noch heute zur Gemeinde Krailling.

Schloss und Hofmark Krailling gingen in der Folgezeit durch mehrere Hände. 1687 erwarb Anton Freiherr von Berchem die Hofmark von den Nachkommen Erhard Muggenthals. 1724 folgte Johann Baptist von Ruffin, 1728 Johann von Hörwarth. Da dieser bereits im Besitz der Hofmark Planegg war, wurden nun die beiden Hofmarken vereint. Bereits 1732 verkaufte Hörwarth die beiden Hofmarken wieder an Johann Baptist von Ruffin. Weil der Hofmarksherr in seinem Schloss in Planegg wohnte, verlor das Kraillinger Schloss seine einstige Bestimmung und wurde deshalb 1810 abgebrochen. An seiner Stelle steht heute die Sägmühle Linner.

Eine schöne Villa, hoch über der Bergstraße

Ein Landhaus mit Zierfachwerk (Bergstraße 9)

4 1817 erwarb Graf Thürheim beide Hofmarken, veräußerte sie jedoch schon 1825 an den königlichen Hofbankier Jakob von Hirsch. Die Hofmarken und das Hofmarksrecht entsprachen längst nicht mehr der neuen Zeit. Deshalb wurden sie 1848 aufgehoben. Die Bauern wurden damit Eigentümer ihres Hofes.

5 Als 1854 die Eisenbahnlinie nach Starnberg gebaut wurde, brach für die Bauerndörfer im Würmtal eine neue Zeit an. Am Ende entstand überall ein völlig anderes Ortsbild, das nicht mehr von den alten Bauernhöfen, sondern von Wohnhäusern und Landvillen geprägt wurde.

6 Als damals die Haltestellen geplant wurden, bekam Planegg Vorrang vor Krailling. Sei es, dass die Schlossherrschaft in Planegg die besseren Argumente hatte oder dass die Wallfahrt Maria Eich den Ausschlag gab – Krailling hatte jedenfalls das Nachsehen! Die Überlieferung berichtet allerdings auch, die Kraillinger seien froh gewesen, dass der Bahnhof in Planegg gebaut wurde. Viele im Dorf haben offenbar der Eisenbahn, dem „rauchenden Ungetüm", nicht über den Weg getraut. Vielleicht haben sie einen Bahnhof mit seinem Lärm und den vielen Reisenden als Belästigung empfunden.

7 Dennoch brachte die Eisenbahn auch für Krailling tiefgreifende Veränderungen. Immer mehr Bauern verkauften Grundstücke an Auswärtige, und nach wenigen Jahrzehnten waren die Felder um das Dorf schon mit neuen Landhäusern bebaut. Krailling entwickelte sich vom stillen, bescheidenen Bauerndorf zum Villenvorort. Natürlich boten die neuen Straßen mit ihren vornehmen Häusern und ihren farbenfrohen Gärten ein schönes Bild. Wenn im Frühling überall der Flieder, die Apfel- und Kirschbäume blühten, ergab sich ohne Zweifel ein zauberhaftes Ortsbild. Leider ist heute schon wieder viel davon verlorengegangen. Die alten Häuser werden mehr und mehr abgebrochen und durch nüchterne Neubauten ersetzt. Die bunten Gärten werden in Bauplätze aufgeteilt und verbaut.

Die Kraillinger Kinder mussten bis 1819 nach 18
„Maria Eich", wo ein Klausner den Unterricht erteilte. 1819 wurde in der Nähe des Planegger Schlosses ein neues kleines Schulhaus errichtet. Jetzt war der Weg für die Kleinsten nicht mehr gar so weit! Seit 1961 hat Krailling seine eigene Grundschule.

① Im nächsten Kapitel „Planegg" und im Kapitel „Maria Eich" findest du etwas über die frühere Kraillinger Schule.
Vergleiche dazu auch die Kapitel „Die Unterbrunner Dorfschule", „Gautinger Schulgeschichte" und „Stockdorf".

② Zum Thema „Villenort" solltest du das Kapitel „Die Gautinger Villenkolonie" lesen.

③ Auch im Kapitel „Die Würm" findest du etwas über Krailling.

Schloss Planegg, vom Park aus gesehen. Der Turm gehört zur Schlosskapelle.

Planegg

1 Planegg ist ein Name, der nicht so recht in das übliche Bild der Ortsnamen passen will. Er taucht auch in den mittelalterlichen Urkunden nicht auf. Das Rätsel lässt sich jedoch lösen.

2 1409 verkaufte ein Jörg Tomlinger sein Gut an Herzog Wilhelm III. von Bayern, der eine geeignete Versorgung für seinen unehelichen Sohn Konrad von Egenhofen suchte. Dieser Tomlinger hatte sich am Rande der Steinkirchener Flur einen kleinen Besitz zusammengekauft und hatte ihn „Planegk" getauft. „Plan" bedeutet „eben" oder „flach". „Eck" ist ein alter Begriff, der einst gerne für „Burg" verwendet wurde (z.B. Burg Falkeneck). Eine Burg war das wohl noch nicht, eher ein besonders großes Wohngebäude. Planegg war also ehemals Teil der Steinkirchener Flur.

3 Der Herzog baute das Haus um und nannte es „Vesst Planegk". Seit 1442 wird Planegg auch als Hofmark bezeichnet. 1474 ging der Besitz an das Geschlecht der Lung über. Das bedeutendste Mitglied dieser Familie war Veit Lung. Er war fürstlicher Rat und Oberrichter in Landshut und hinterließ Planegg eine Stiftung von 1000 Gulden für soziale Zwecke. Um 1560 wird auf der Karte von Philipp Apian das Planegger Schloss als starker Bau mit Satteltum dargestellt.

1666 folgten die Herren von Hörwarth. Sie bauten das Schloss erneut um. Der Wening-Stich (um 1700) zeigt den Bau von Wasser umgeben und mit einem kleinen Zwiebelturm. Seitlich ist schon die kleine Schlosskapelle St.Magdalena zu sehen. Johann von Hörwarth musste 1732 hoch verschuldet seinen Besitz im Würmtal an Johann Baptist von Ruffin verkaufen. 1737 wird das Schloss als „neu erbaut" bezeichnet. Seit diesem letzten Umbau hat das Schloss sein Aussehen bis heute bewahrt.

1817 erwarb Friedrich Graf von Thürheim das Schloss und die Hofmarken Planegg und Krailling, die inzwischen zusammengelegt worden waren. Er veräußerte jedoch 1825 alles wieder an Jakob von Hirsch, den königlichen Bankier und Mitbegründer der Bayerischen Hypotheken- und Wechselbank. Seine Nachfahren besitzen das Schloss noch heute.

Da Planegg und Steinkirchen seit Urzeiten zur weit entfernten Pfarrei Puchheim gehörten, erreichte der Hofmarksherr die Errichtung einer eigenen Pfarrei in Martinsried. 1921 wurde der Pfarrsitz nach Planegg verlegt.

Bis weit in das 18.Jahrhundert hinein hat es in Planegg und in den Nachbarorten keine ordentliche Schule gegeben. Es wird zwar einige Male eine vom Hofmarksherrn eingerichtete

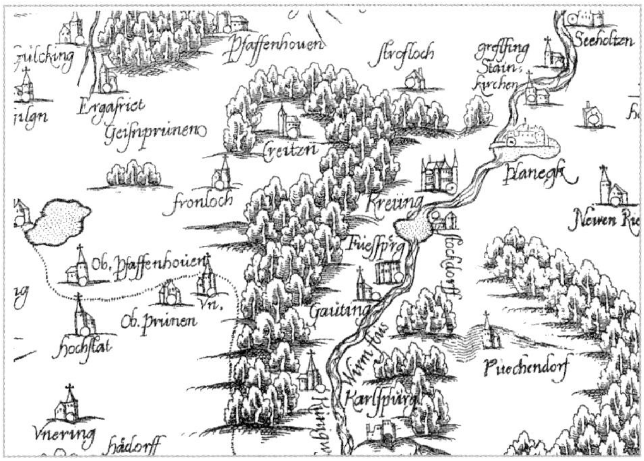

Das Würmtal auf der Karte von Ph. Apian (1568)

Das Schloss Planegg (Kupferstich von M. Wening, 1700) ist von einem Wassergraben umgeben

Schule genannt. Sie scheint jedoch nicht sehr erfolgreich gewesen zu sein. Erst 1746 wird neben der Wallfahrtskirche Maria Eich ein Wohnhaus mit einem Schulraum errichtet. Der Eremit Onoffrius unterrichtete von nun an 60 bis 70 Schüler. Und da es in der Umgebung offenbar noch immer keine Schulen gab, besuchten den Unterricht sogar Kinder aus Gräfelfing und Germering. 1819 bekam Planegg endlich ein neues Schulhaus im Ort. Das war zwar eher ein Häuschen, aber es war eine große Verbesserung gegenüber der bisherigen Schule in Maria Eich. Heute hat Planegg natürlich längst ein großes, modernes Schulgebäude.

Das älteste Schulhaus in Planegg (Foto um 1925)

Die ehemalige Einöde Kreuzing

Dort, wo sich heute der Wald des sog. Wifo- 1
Geländes ausbreitet, befand sich einmal eine kleine Siedlung. Der Name Kreuzing, Kreutzing oder Kreuzling ist trotz seiner „ing"-Endung keine bajuwarische Gründung. Kreuzing ist ein sog. „unechter ing-Ort". Der ursprüngliche Name war „Kruzen", später „Chreiczn", und die kleine Siedlung eine Rodung des Klosters Dießen im 12. Jahrhundert. Sie entstand wohl mit Genehmigung der Grafen von Andechs, die schon Frohnloh und Pentenried hatten roden lassen. Sie stifteten auch hier ein kleines Kirchlein, das sie ihrem Patron, dem hl. Nikolaus, weihten.

Mitte des 19. Jahrhunderts wurde die Landwirt- 2
schaft in Kreuzing aufgegeben. 1872 wurden die Gebäude samt der Kirche St. Nikolaus abgebrochen und die gesamte Flur aufgeforstet.

Die ehem. Einöde Kreuzing (Zeichnung um 1870)

Blick vom Hanfelder Berg auf Starnberg und den Starnberger See (Lithographie von G. Kraus, 1836)

In der Kreisstadt Starnberg

1 Wer heute in die Stadt Starnberg mit ihren fast 20 000 Einwohnern kommt, kann sich kaum noch vorstellen, dass sie einmal nur ein kleines Fischerdorf gewesen ist. Es wird um 900 n.Chr. erstmals in den Urkunden genannt, dürfte jedoch um einiges älter sein. Auch ahnt man heute kaum noch, dass Starnberg eigentlich aus zwei Siedlungen zusammengewachsen ist. Da war einmal „Achheim", die Siedlung an der „Ache", am Georgenbach oder Maisinger Bach, rund um den heutigen Tutzinger-Hof-Platz gelegen. Der Georgenbach ist in diesem Bereich heute leider durch die Straßen und die Bebauung zugedeckt. Nördlich des Gasthofes „Tutzinger Hof" ist er jedoch noch als offenes Gewässer zu sehen. Achheim ist vermutlich die ältere der beiden Siedlungen. Die andere hieß „Niederstarnberg", die „unterhalb der Burg Starnberg gelegene Siedlung". Sie ist wohl mit der Burg entstanden und lag im Umkreis um das Heimatmuseum. Verbunden wurden die beiden durch die Fernstraße nach Weilheim, die heutige Weilheimer Straße. An ihr haben sich im Laufe der Zeit die Hand-

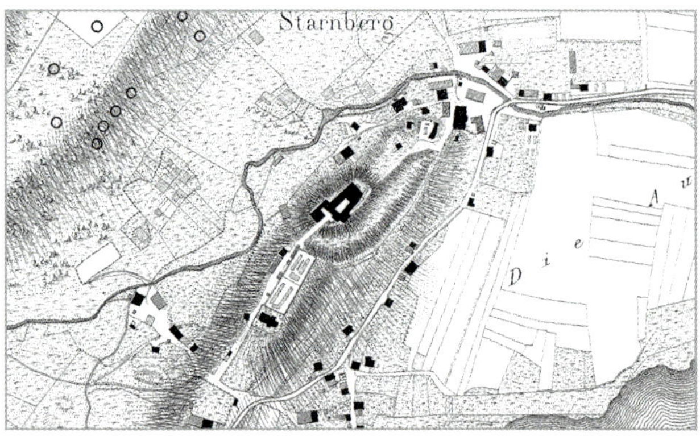

Das alte Fischerdorf Starnberg (Flurkarte 1815)

Blick auf den Tutzinger Hof, das Schloss Starnberg (ehem. Burg) und das Schlösschen von Herzog Albrecht V.

werker und Händler angesiedelt. Auch heute noch ist sie die wichtigste Geschäftsstraße Starnbergs.

2 Im hohen Mittelalter (11./12. Jahrhundert) entstand oben auf dem Höhenrücken, der zum

Gerichtstag im Schloss Starnberg (Ölgemälde, 1862)

Georgenbach hin steil abfällt, die Burg Starnberg. Sie wird 1244 als „castrum Starnberch" erwähnt. Gebaut haben sie vermutlich die mächtigen Grafen von Andechs, als Gegenwehr zur nahen Karlsburg, die ihren Konkurrenten, den Pfalzgrafen von Wittelsbach, gehörte. Nach dem Aussterben der Andechser Grafen verlor die Burg ihre ursprüngliche Aufgabe. Als die bayerischen Herzöge dann das Land in Gerichts- und Verwaltungsbezirke einteilten, wurde auch ein Landgericht Starnberg geschaffen. Der Landrichter war nicht nur am Starnberger See, sondern auch im Würmtal bis Pasing zuständig. Seinen Amtssitz hatte er in der alten Starnberger Burg. Auch heute gibt es noch ein „Amtsgericht" in Starnberg. Es ist in einem eigenen Gebäude in der Stadt untergebracht. In das Schloss ist das Finanzamt Starnberg eingezogen.

Die barocke Josephskirche

Blick auf den berühmten Altar von Ignaz Günther

3 Als sich die bayerischen Herzöge im 16. und 17. Jahrhundert schöne große Schiffe für den Starnberger See bauen ließen, wurde die Burg als Sommersitz genutzt. Da das alte Gemäuer aber bald nicht mehr so recht nach dem Geschmack der Zeit war, befahl Herzog Albrecht V. den Bau eines Schlösschens am südlichen Ende der Gartenanlagen. Es wurde prachtvoll im Stil der Zeit eingerichtet und diente dann über zwei Jahrhunderte dem Münchner Hof als Wohnung während der prunkvollen Seefeste.

4 Doch Mitte des 18. Jahrhunderts war auch dieses Sommerschlösschen unmodern geworden. Kurfürst Max III.Joseph ließ es um 1760 abbrechen. An seiner Stelle wurde dann die barocke Josephskirche errichtet, ein Juwel unter den Kirchen des Landkreises. Sie bestimmt zusammen mit dem Schloss bis heute das Ortsbild der Stadt. Man sieht es dieser kleinen Kirche außen nicht an, wie schön sie im Inneren gestaltet ist. Ein eleganter, lichterfüllter Raum überrascht jeden, der eintritt. Ein großartiger Hochaltar zieht sofort den Blick auf sich. Der berühmte bayerische Bildhauer Ignaz Günther hat die Figurengruppe der Heiligen Familie geschaffen. Auch die schöne Kanzel mit den Symbolen der Vier Evangelisten ist sein Werk. Die Deckengemälde sind von Hofmaler Christian Wink, der zarte Stuck von Franz Xaver Feichtmayr aus Wessobrunn. Der Raum lässt uns erleben, mit welchem Können, mit welchem Einfühlungsvermögen und mit welch tiefem Glauben die Künstler dieser Zeit ihre Werke schufen. Sie haben damit unsere Heimat unermesslich reich gemacht.

Bis weit in das 19. Jahrhundert hinein war Starn- 5
berg ein recht bescheidenes Dorf geblieben. Die bäuerliche Wirtschaft spielte hier allerdingskeine so große Rolle wie etwa in Buchendorf oder Unterbrunn. Hier mussten viele ein Handwerk ausüben, um ihre Familie ernähren zu können. Es gab, ähnlich wie in Gauting, auch seltenere Handwerker hier, wie Zinngießer, Seifensieder, Maler oder Glaser.

Fischer am Starnberger See

Bootshütte und Einbaum (Zeichnung von L. Quaglio, 1869)

6 Ein besonderer Berufszweig waren die Fischer. Sie fuhren noch mit ihren schweren, aus einem Eichenstamm gefertigten Booten (Einbäume genannt) auf den See hinaus. Ihr wichtigster Fisch war und ist bis heute die Renke. Es gerieten aber auch Saiblinge, Zander, Hechte und Aale ins Netz. Der Fang war freilich oft nicht besonders großartig. Das Leben der Fischerfamilien war deshalb meist sehr karg und von Not geprägt. Viele Fischer verdienten sich ein paar Kreuzer dazu, indem sie Waren wie Heu, Getreide, Baumaterial, Holz, Bierfässer oder Kohlen aus Penzberg ans andere Ufer transportierten. Für einige Jahre war es auch ein einträgliches Geschäft, die Sommerfrischler über den See zu rudern.

Um die Mitte des 19. Jahrhunderts brachen dann zwei Ereignisse in die stille Welt des Fischerdorfes herein und veränderten bald das Gesicht Starnbergs und der anderen Uferorte. 1851 stellte Baurat Ulrich Himbsel, der in Leoni sein Landhaus hatte, das erste Dampfschiff in Dienst. Es war der Schaufelraddampfer „Maximilian". Und um die Münchner schneller an den See und zu seinem Schiff bringen zu können, baute Himbsel 1854 die Eisenbahnlinie von Pasing nach Starnberg. Sie wurde 1865 bis Tutzing und Weilheim weitergebaut. 7

Das hatte eine ungeheuere Entwicklung aller Uferorte zur Folge. An manchen Sonntagen brachten die Züge Tausende Ausflugsgäste nach Starnberg. Neue Gasthäuser und Cafés wurden 8

Der Dampfer „Maximilian" bei der Roseninsel (1851)

Die Münchner stürmen zum Dampfersteg

„Meereswellen" im Undosabad

So schön sahen Starnbergs Straßen einmal aus!

gebaut, Hotels entstanden. Die Händler mussten ihre Läden erweitern. Bald steigerte sich der Fremdenverkehr so sehr, dass noch die Dampfer „Ludwig" und „Bavaria" in Auftrag gegeben werden mussten. Am Ufer entstand das Undosa-Bad, in dem eine Maschine richtige Meereswellen erzeugen konnte. Auf dem See tummelten sich Segelboote, Ruderboote und Kanus.

9 In den Jahrzehnten seit dem Bau der Eisenbahn waren vor allem zahlreiche Landhäuser und große Villen errichtet worden. Die älteste Villa, das heutige „Almeida-Palais", glänzte sogar schon seit 1832 oben auf dem Georgshügel. Es war als Sommersitz für die Gattin des Prinzen Karl gebaut worden. Auf den weiten Wiesen der „Au", gegen das Leutstettener Moos hin gelegen, wurden neue Straßen angelegt: Maximilianstraße, Kaiser-Wilhelm-Straße, Ludwigstraße. Bald entstanden auch hier kleine Sommervillen der Münchner. Sie waren von zauberhaften Gärten umgeben. Im Frühling blühten hier Blumen, Büsche und Obstbäume. Schöne, große Villen reihten sich unmittelbar am Seeufer und auf den flachen Abhängen. Als das 19. Jahrhundert zu Ende ging, war aus dem kleinen Fischerdorf ein eleganter Villenort geworden.

Heute wird hier, wie auch im Würmtal, ein Garten nach dem anderen verbaut, werden die Landhäuser abgebrochen und durch rentable Mehrfamilienhäuser und Wohnanlagen ersetzt. Damit verliert Starnberg leider allmählich und 1

Die Villa Sonnenhof an der Hanfelder Straße

Das vornehme Almeida-Palais

Wunderschön spiegeln sich Villa und Bäume im Wasser!

Das Landratsamt – ein gelungener Neubau

unwiederbringlich viel von dem, was einmal seine Schönheit und seinen Zauber ausgemacht hat.

1 Viele Veränderungen im Ortsbild haben ihre Ursache freilich auch in den völlig neuen Aufgaben, die der Stadt übertragen wurden. 1902 wurde der „Landkreis Starnberg" gebildet, und Starnberg wurde Sitz der Verwaltung und Mittelpunkt des Landkreises. 1914 wurde es zur Stadt erhoben.

2 Nun musste hier alles eingerichtet und entwickelt werden, was zu einem solchen zentralen Ort gehört. Es entstanden zahlreiche Geschäfte, welche das umfangreiche Warenangebot für die Bevölkerung der stark angewachsenen Stadt und des Landkreises führten. Es musste ein Kreiskrankenhaus gebaut werden. Bald nach 1902 wurde das alte, 1987 das neue Landratsamt errichtet. Heute finden wir in Starnberg alle Behörden und Ämter, die für eine Kreisstadt üblich sind: Das Finanzamt, das Amtsgericht, das Gesundheitsamt, das Schulamt, das Vermessungsamt, das Forstamt, das Sozialamt und andere mehr. Es gibt hier Altersheime, Privatkliniken, mehrere Apotheken, zahlreiche Ärzte und viele Büros für Rechtsanwälte und Versicherungen. Auch die Kreissparkasse und verschiedene andere Banken sind hier zu finden. Starnberg besitzt natürlich auch eine Grund- und eine Hauptschule sowie ein großes Gymnasium.

Starke Veränderungen am Ortsrand brachten die 13
großen Lebensmittel- und Baumärkte mit sich. Die Kläranlage am Nordrand der Stadt reinigt die Abwässer aller Gemeinden rund um den Starnberger See. Zahlreiche Firmen, vor allem im Gewerbegebiet, haben Arbeitsplätze für die Starnberger Bürger geschaffen. Dennoch müssen viele zur Arbeit nach München fahren.

Der Verkehr, der sich vor allem aus Berufsver- 14
kehr, Ausflugsverkehr und Fernverkehr zusammensetzt, belastet Starnberg schwer. Wegen der beengten Lage der Stadt (See, Wälder, Leutstettener Moos) konzentriert sich der Verkehr auf wenige Straßen. Der neue Bahnhof Nord soll nun ein wenig Abhilfe schaffen. Auch ein Tunnel quer durch die Stadt oder eine Umgehungsstraße sind für die nächsten Jahre geplant.

① Zur Bedeutung der Burg Starnberg lies im Kapitel „Auf dem Karlsberg" nach. Auch im Kapitel „Prunkschiffe auf dem See" erfährst du etwas darüber.

② Weitere schöne Kirchen im Stil des Barock (Rokoko) findest du in: Kempfenhausen (Schlosskapelle), Perchting, Inning, Unering, Widdersberg und Grünsink.

③ Im Heimatmuseum kannst du noch gut die Welt der kleinen Bauern, Fischer und Handwerker studieren. Lies dazu im Kapitel „Im Heimatmuseum" nach!

④ In der Archäologischen Staatssammlung und im Deutschen Museum kannst du einige historische Einbäume anschauen.

Das Lochmannhaus (Radierung von E. N. Neureuther, um 1840). Das ehemalige Fischerhaus lag vor dem Bau der Eisenbahn noch unmittelbar am See. 1914 wurde es als Heimatmuseum eingerichtet.

Im Heimatmuseum

1 Wer zum ersten Mal den Garten zum Heimatmuseum betritt, ist überrascht, in Starnberg noch ein so ungewöhnliches, altertümliches Gebäude zu finden. Es ist ein sogenannter Blockbau mit Legschindeldach. Die Hauswände wurden nämlich bei den ganz alten Bauernhäusern unserer Gegend vollständig aus Holzbalken gefügt. Wenn du dir die Konstruktion der Hausecken genau anschaust, siehst du sofort, warum die Balken unverrückbar zusammenhalten. Das Dach wurde dann entweder mit Stroh (= Steildach) oder mit langen Schindeln (= Flachdach) gedeckt. Damit der Wind die Schindeln nicht herunterreißen konnte, wurden sie mit Steinen beschwert. So ein Holzbau isolierte sehr gut gegen Hitze und Kälte und erzeugte ein angenehmes und gesundes Wohnklima.

2 Auch das kleine Verwalter-Wohnhaus daneben ist ein Blockbau, der allerdings auf einen gemauerten Sockel gesetzt ist. Dieses Haus war ein Getreidespeicher („Troadkasten"), der mit Flößen über den See transportiert wurde.

3 Im Inneren kannst du sehen, wie einfach das Leben unserer Vorfahren war. Die Räume wirken ein wenig niedrig und dunkel. Aber sie schenken uns ein wunderbares Gefühl von Wärme und Gemütlichkeit. Die Einrichtung dieser Häuser war sehr einfach und karg, oft sogar ärmlich. Besonders in der Küche („Kuchl") können wir mit unserer perfekten Kücheneinrichtung uns kaum noch vorstellen, wie die Bäuerin hier einmal gearbeitet hat. Das Feuer auf dem gemauerten Herd war ein offenes Feuer, über das man auf eisernen Dreibeinen Töpfe und Pfannen stellen konnte. Der Rauch erfüllte oft die ganze Küche, bis er durch den Kamin abzog. Meist waren die Decke und die Wände ganz schwarz davon. Der

Das Museum und sein Nebengebäude

Die Küche mit dem gemauerten Herd und dem Rauchfang. Vor der Renovierung waren hier alle Wände noch pechschwarz. Hinter der unteren Öffnung im Herd lag der Backofen. In dem eingebauten Kessel rechts davon wurde Wasser heiß gemacht.

Herd konnte über eine seitliche Öffnung auch als Backofen genutzt werden.

4 Auch die wenigen Küchengeräte beeindrucken uns. Sie waren einfach, aber sehr praktisch. Meist hatte sie der Dorfhandwerker hergestellt. Gesprungene Krüge und Schüsseln wurden oft mit Draht wieder zusammengebunden, weil man sich keine neuen leisten konnte. Viele Nahrungsmittel musste die Bäuerin erst mühsam selbst herstellen, bevor sie kochen konnte. Geräte wie der Krauthobel, die Kaffee-Röstmaschine, das Butterfass, die Obstpresse, das Spinnrad und der Webstuhl zeigen uns, dass im Bauernhaus so viel wie möglich selbst hergestellt wurde.

Die Stube mit dem schönen, von der Küche aus 5
geheizten Kachelofen war der Aufenthaltsraum der Familie. Hier wurde gegessen und gearbeitet (spinnen, nähen, stricken, Netze flicken). Hier wurden im Winter Geschichten erzählt und Stubenmusik gemacht. Am warmen Ofen konnte man sich ausruhen, ja sogar schlafen, vor allem wenn man krank war. Aber auch Tiere waren hier zu Hause. Nicht nur Hund und Katze. Auch Hüh-

Alte Küchengeräte

Und noch einmal Küchengeräte zur Herstellung von Butter

Die untere Stube. Unter der Ofenbank befindet sich ein Käfig für die Hühner

ner wurden im Käfig unter der Ofenbank oder unter der Stiege gehalten.

6 Die Schlafkammer nebenan ist mit einem Himmelbett und einem Kasten ausgestattet, der eine Brautausstattung enthält. Hier kannst du erleben, wie schön und ausdrucksvoll die bunt bemalten Bauernmöbel einmal waren.

7 Wenn du in das Obergeschoss kommst, wirst du wieder überrascht sein. Hier ist die Stube plötzlich sehr viel reicher gestaltet. Und das hat einen Grund. Das Haus war ursprünglich nämlich kein reines Bauernhaus. Nur das Erdgeschoss wurde von einer Bauernfamilie bewohnt. Das Obergeschoss hatte sich der Hofmarksherr von Tutzing, dem das Bauernanwesen gehörte, um 1693 als Absteige-Quartier eingerichtet. Er hatte dabei eine schöne Vertäfelung aus der Zeit um 1520 verwendet. Man erreichte diese Wohnung durch eine Außentreppe. Die kleine, steile Treppe in der unteren Stube wurde erst eingebaut, als der Tutzinger Hofmarksherr die Wohnung nicht mehr nutzte. Von diesem Zeitpunkt an bewohnte die Bauernfamilie das ganze Haus. Nachdem die Stadt Starnberg 1912 das Haus vom letzten Besitzer erworben hatte, wurde es als Heimatmuseum eingerichtet. Es trug bis zu diesem Zeitpunkt den Hausnamen „beim Lochmann (Lochmo)".

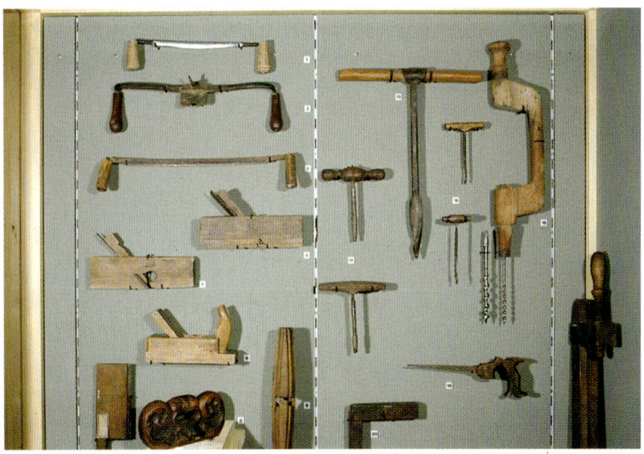

Altes Werkzeug für den Schreiner und den Zimmermann

Damit ist man früher auf dem gefrorenen See gefahren!

Die obere Stube mit der Vertäfelung von 1520

3 Die Wohnräume zeigen dir anschaulich, wie die Bauern und die Fischer früher gelebt haben. Im ehemaligen Stall sind alte Geräte zur Stall- und Feldarbeit zu sehen: Rechen, Sensen, Dengel, Holzpflug, hölzerne Egge, Pferdegeschirre usw. Auch hier solltest du nicht vergessen, dass alle diese Geräte einmal die Handwerker im Dorf hergestellt haben. Im Stadelteil sind verschiedene Dinge ausgestellt, die im Leben unserer Vorfahren alltäglich waren. Du findest auch zahlreiche Werkzeuge, die dem Schreiner und dem Zimmermann zur Holzbearbeitung dienten. Du erfährst etwas über die Kaufleute in Starnberg, über das Gerichtswesen und die medizinische Versorgung. Über den Glauben und die Frömmigkeit unserer Vorfahren erzählen viele kostbare Figuren und Bilder. Besonders eindrucksvoll sind die letzten Zeugen der Prunkschiffe, vor allem das große und originalgetreue Modell des Prunkschiffes „Bucentaur". Im Bildersaal zeigen dir alte Zeichnungen, Stiche und Gemälde, wie die Landschaft des Fünf-Seen-Landes einmal ausgesehen hat.

① Im Museum auf der „Glentleitn" kannst du viele Bauernhäuser sehen, die so alt und so eingerichtet sind wie unser Heimatmuseum. Auch eine große Menge Werkzeuge und Geräte, Schlitten und Wägen, Einrichtungen und Kunstwerke sind dort ausgestellt.

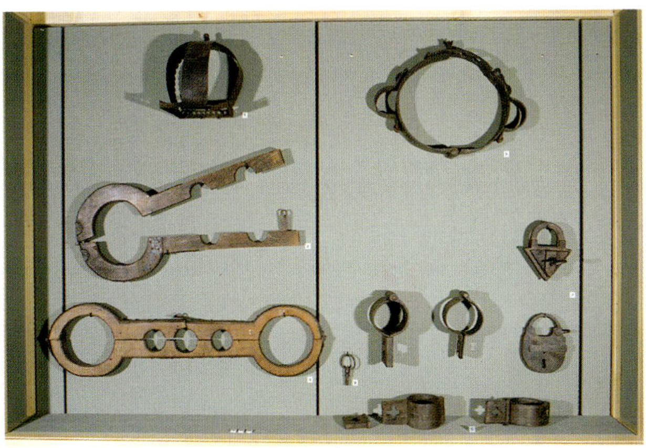

Erinnerungsstücke an das Gericht in Starnberg

Aus dem Herrgottswinkel der Bauernstuben

Das Prunkschiff „Bucentaur" bei einem Seefest. Es wird begleitet vom Leibjagdschiff, dem Kammerherrnschiff, der Roten Halben Galeere und von kleineren Gondeln. (Ölgemälde von F. Bidermann, 1738)

Prunkschiffe auf dem See

1 Am Starnberger See hat es einmal etwas ganz Großartiges gegeben. Etwas, von dem heute kaum jemand noch etwas weiß: Die Prunkschiffe der bayerischen Herzöge und Kurfürsten.

2 Schon im 15. Jahrhundert wurden für Herzog Wilhelm IV. mehrere prächtig dekorierte Schiffe am Starnberger See gebaut. Er hatte sich die alte Burg Starnberg in ein geschmackvoll eingerichtetes Schloss umbauen lassen. Wenn er dann im Sommer in Starnberg weilte, lud er seine Gäste auf seine Schiffe ein.

Die ganz große Zeit aber begann erst, als Kurfürst 3
Ferdinand Maria 1663 von venezianischen Schiffsingenieuren das Prunkschiff „Bucentaur" bauen ließ. Es wurde etwa 30 m lang und 7,50 m breit. Die Aufbauten über Wasser erreichten ohne Segelmast eine Höhe von 5 m. Das Schiff war ganz in weiß und blau gehalten und an vielen Stellen vergoldet. Im Unterdeck saßen die Ruderleute, die das „schwimmende Schloss" mit ihren 80 vergoldeten Rudern bewegten. Die Segel waren meist nur Dekoration, bei stärkerem Wind wäre nämlich ganz schnell die Gefahr des Kenterns entstanden. Über den Rudern ragten 16 Kanonen aus dem mit Wassernixen bemalten Schiffs-

Der „Bucentaur" mit Begleitschiffen vor Schloss Berg, 1720

Ein nächtliches Seefest vor Schloss Berg, 1752

Ein Modell des Bucentaur (Heimatmuseum)

bauch. Mit denen konnte man Böllersalven „losbrennen", dass es am ganzen See zu hören war.

4 Die mittlere Etage war in verschiedene, mit wertvollen Malereien, kostbaren Möbeln und Teppichen ausgestattete Räume eingeteilt. Es gab sogar ein eigenes Speisezimmer. Von den seitlichen Balkonen konnten die Gäste das Geschehen auf dem See beobachten. Es war auch möglich, dafür die Fenster zu versenken. Auf dem Oberdeck befanden sich der Kapitän und die Matrosen sowie die Musikkapelle. Vorne auf dem Bug mit den Löwenköpfen stand die vergoldete Figur des Meeresgottes Neptun.

Der sog. „Bucentaur-Stadel" (Schiffshütte) in Starnberg

Manchmal waren bis zu 500 Personen auf dem 5
Schiff. Wenn dann ein Gast das erste Mal an Bord war, wurde er vom Kurfürsten mit Seewasser getauft. Und wenn er dann nicht das geheime Erkennungszeichen wusste, bekam er besonders viel davon ab. Das Geheimzeichen, das man nennen musste, war ein Bild an der Decke des Vorzimmers: Ein kleiner Putto, den ein Krebs in das pralle Hinterteil zwickt!

Der „Bucentaur" war von einer Flotte von klei- 6
neren Prunkschiffen umgeben. Da gab es die Rote Galeere, das Jagdschiff, das Kammerherrnschiff, eine rote, eine grüne und eine blaue Gondel. Es gab mehrere Küchenschiffe, ein Silberschiff für das Tafelgeschirr und ein Schiff mit den Weinfässern. Wenn die Herrschaften spei-

Das Ruderschiff Delphin aus der Zeit um 1820

sen wollten, legten diese Schiffe am Bucentaur an, und die Diener brachten die Speisen und Getränke in den Speisesaal. Dazu kam noch ein ganzes Heer von kleineren Ruderbooten. Oft waren dann bis zu 2 000 Menschen auf dem See.

7 Manchmal speiste man auf dem See, ein anderes Mal ging man in Possenhofen oder Berg an Land, um in türkischen Zelten den Kaffee einzunehmen. Oft dauerten die Feste bis in die Nacht hinein. Dann wurden auf allen Schiffen die Laternen angezündet. Manchmal brannten dann am Ufer Hunderte von Feuern. Einige Male wurden entlang des Ufers sogar über 10 000 gläserne, mit Öl gefüllte Ampeln angezündet. Ein anderes Mal befestigte man die Lichter auf kleinen schwimmenden Flößen und legte damit eine Lichterstraße von Possenhofen über den See nach Berg hinüber. Dann krachten die Böller auf dem Schiff und draußen am Ufer begann man mit einem prachtvollen Feuerwerk.

8 Diese Seefeste waren in ganz Europa berühmt. Leider ging diese Zeit 1758 zu Ende. Der „Bucentaur" war baufällig geworden und wurde zertrümmert. Es wurden später zwar noch viele neue Schiffe für den Landesherrn gebaut. Sie waren aber alle viel kleiner. Den „Delphin", das letzte derartige Ruderschiff, besitzt das Heimatmuseum noch heute.

① Im Heimatmuseum kannst du noch verschiedene Reste dieser Prunkschiffe sehen, z.B. Modelle, Bugfiguren u.a. Der „Delphin" kann leider wegen Platzmangel noch nicht gezeigt werden.

② Vorbild für den „Bucentaur" war das goldene Schiff des Dogen von Venedig, der „Bucintoro". Das Starnberger Schiff war allerdings sehr viel größer.

Aus der Beschreibung eines Seefestes um 1678:

„Der Kurfürst bewirtete zu Berg viele Gäste. Eines Abends bestiegen die höchsten und hohen Herrschaften den Bucentaur, um nach Possenhofen hinüberzusegeln, wo ihrer im Schlosse ein kostbares Souper harrte. Die Flottille umschwärmte wie gewöhnlich das Hauptschiff. Als man die Mitte des Sees erreicht hatte, donnerten plötzlich sämtliche Feuerschlünde des Bucentaur, und auf dieses Zeichen hin verwandelte sich das bisher in nächtlichem Dunkel kaum noch zu unterscheidende Schloss zu Possenhofen in einen herrlichen Flammenpalast. Durch eine künstliche Vorrichtung nämlich, wahrscheinlich vermittelst Schwefelfäden, war in einem Nu die glanzvollste Beleuchtung des Schlosses zustande gebracht worden. Ein tausendfacher Ruf der Freude und des Erstaunens erfüllte die Luft, rauschende Musik fiel ein, die Kanonen krachten noch lustiger, und in diesem Jubel bestieg man das westliche Ufer.

Nun wurde getafelt und getanzt und spät nach Mitternacht die Rückfahrt angetreten. Es war eine sehr finstere Nacht, allein den Bucentaur und seine Flottille erleuchteten Tausende von Lampen und Fackeln, deren Schein aus der schweigsamen Silberfläche des Sees widerstrahlte, welches ein herrliches Schauspiel gewährte. Noch einmal und nun im höchsten Grade sollten die Gäste überrascht werden; denn als man die Rückfahrt zur Hälfte zurückgelegt hatte, gaben die sechzehn Geschütze des Bucentaur abermals eine Generalsalve, und, wie durch einen Zauberschlag, stand nunmehr auch das kurfürstliche Lustschloss Berg in Flammen, glanzvoller noch strahlend als vorher Possenhofen. Und um dem Prachtfest die Krone aufzusetzen, wurde auf der hohen Terrasse des Schlossgartens ein kostbares Feuerwerk abgebrannt!"

Ein Werbeplakat für Dampfer-Rundfahrten auf dem Starnberger See (1901). Dargestellt ist der Salondampfer „Luitpold", das schönste Schiff, das je auf unseren Seen gefahren ist.

Das Fünf-Seen-Land, ein Erholungsgebiet

1 Kannst du dir vorstellen, dass der Starnberger See bei den Münchnern einmal kaum bekannt war? Über Jahrhunderte waren die Fischer die einzigen, die mit ihren Booten auf den See hinausfuhren. Nur die Herzöge und Kurfürsten kamen mit ihren Gästen ein paarmal im Jahr heraus.

2 Das änderte sich zu Beginn des 19. Jahrhunderts. Plötzlich entdeckten die Schriftsteller und die Maler die wundervolle Landschaft am Starnberger See. Wenig später folgten ihnen die Münchner und die Touristen aus ganz Deutschland. Die ersten „Sommerfrischler" suchten ihre Quartiere noch in den Gasthöfen und in den kleinen Häusern der Fischer. Diese ruderten ihre Gäste gerne über den See, um sich dabei ein paar Kreuzer zu verdienen.

1851 eröffnete Baurat Ulrich Himbsel mit seinem Schaufelraddampfer „Maximilian" den Schiffsverkehr auf dem See. Die Zahl der Fahrgäste steigerte sich schnell, und bald mussten mit dem „Ludwig" und dem prachtvollen Salondampfer „Bavaria" neue Schiffe in Dienst gestellt werden. Nur wenige Jahre später folgten die „Wittelsbach" und der Dampfer „Luitpold", der 1000 Fahrgäste befördern konnte.

Die Eisenbahn brachte an den Wochenenden 3
Tausende von Gästen nach Starnberg. Die Dampfer fuhren pausenlos über den See. Die Bäder, die an den Ufern entstanden waren, füllten sich. Und die Gasthäuser und Cafés in den Uferorten hatten schon damals an sonnigen Tagen keinen Platz mehr frei.

Heute nutzen die Münchner und die Gäste aus 4
aller Welt diese Erholungsmöglichkeiten am See in einem Ausmaß, wie man sich dies damals gar

Münchner – hinaus an den Starnberger See! Die Karikatur aus einer Zeitschrift um 1880 zeigt das bunte Treiben der Touristen schon weit vor der Jahrhundertwende.

nicht hätte vorstellen können. Inzwischen ist sogar die gesamte Landschaft zwischen Starnberger See und Ammersee zum Naherholungsgebiet geworden. Ihr vielfältiges, abwechslungsreiches Landschaftsbild fasziniert immer wieder die Menschen. Wiesen mit weidenden Kühen, Koppeln mit galoppierenden Pferden, Wälder und Moore, die Hügel der Würmeiszeit und die weiten, flachen Täler dazwischen. Wer gerne wandert, findet hier zahlreiche Möglichkeiten. Sehr beliebt ist der Rundweg um den Starnberger See, den man vor allem auch mit dem Fahrrad machen kann. Bei Tutzing führt ein wunderschöner Spaziergang hinauf zur Ilkahöhe. Von dort kann man einen herrlichen Blick auf den See und die Alpenkette genießen. Ebenso erholsam ist eine Wanderung durch die Maisinger Schlucht, an deren Ende man im warmen Moorsee baden kann. Beliebte Ausflugsziele sind das stille Lüßbachtal zwischen Percha und Aufkirchen, der idyllische Weßlinger See oder das Schloss Seefeld hoch über dem Pilsensee. Ein Höhepunkt sind natürlich immer wieder Andechs und die Wanderungen durch das Kienbachtal oder das Hügelland südlich von Erling. Und am Ende die kurze Einkehr in der wundervollen Klosterkirche, bevor es im Biergarten die wohlverdiente Brotzeit gibt.

Besonders gerne werden die Möglichkeiten zum Wassersport auf den Seen genutzt. Ihre gute Wasserqualität lädt natürlich zum Baden ein. Aber auch das Segeln, Surfen und Rudern sind beliebte Freizeitbeschäftigungen. Nicht zu vergessen: eine Dampferfahrt rund um den See! Es gibt zahlreiche Möglichkeiten, Golf oder Tennis zu spielen, zu reiten, zu tanzen ...

Neben seiner landschaftlichen Schönheit bietet das Land zwischen den beiden Seen aber auch viele Sehenswürdigkeiten, die einen Ausflug lohnen: Die bekannten Schlösser, die Villen am

Eine Segelregatta bei frischem Wind

Die „Seeshaupt", das größte Schiff auf dem See

See oder unsere schönen Dorfkirchen. Wer sich noch intensiver mit Kunst und Kultur beschäftigen möchte, kann das Heimatmuseum in Starnberg oder das Buchheim-Museum mit den berühmten Bildern der Expressionisten besuchen. Darüber hinaus gibt es ein reichhaltiges Kulturangebot, das die einzelnen Gemeinden selbst organisieren und das von Einheimischen und Touristen gerne angenommen wird.

7 Die Beliebtheit des Starnberger Sees und des Landkreises bringt allerdings auch schwerwiegende Nachteile mit sich. Besonders an den Wochenenden sind die Belastungen kaum mehr zu übersehen. Kilometerlange Staus blockieren vor allem die Ortschaften an den Seen. Weil die Parkplätze überfüllt sind, parken die Gäste wild an den Straßenrändern. Auf den Liegewiesen findet man kaum noch ein Plätzchen. Die Wasserfläche des kleinen Weßlinger Sees glänzt vom Sonnenöl der vielen Badegäste. Am Ende eines sonnigen Wochenendes häuft sich der Müll auf den Wiesen und an den Waldrändern.

Um die Natur vor Schaden zu bewahren und die 8
Landschaft in ihrer Schönheit zu erhalten, sind wir alle aufgerufen, sie so wenig wie möglich zu belasten. Denn auch für uns gilt der weise Spruch des Häuptlings von Seattle: „Die Erde ist unsere Mutter. Was immer der Erde widerfährt, widerfährt auch den Kindern der Erde. Denn eines wissen wir: Die Erde gehört nicht den Menschen, sondern der Mensch gehört der Erde."

Die schöne, von der Eiszeit geformte Landschaft bei Erling

Das Schloss Seefeld der Grafen Törring

Schloss Starnberg (heute Finanzamt)

Schloss Possenhofen (heute Eigentumswohnungen)

Schlösser am Starnberger See

1 Das Starnberger Schloss wird erstmals 1244 als Burg, als „castrum Starnberch" erwähnt. 1541 ließ sie Herzog Wilhelm IV. in ein bequemes Schloss umgestalten. Im 19. Jahrhundert war jedoch die Zeit der großen höfischen Feste vorbei, und im Schloss wurden Amtsstuben eingerichtet. Nach dem Umbau 1969, bei dem im Inneren leider sehr viel verändert wurde, zog das Finanzamt ein. Das Äußere blieb weitgehend erhalten. So beherrscht das Schloss zusammen mit der barocken Josephskirche noch heute das Stadtbild.

2 Das Schloss Possenhofen ließ 1536 der Kanzler Jakob Rosenbusch errichten. 1669 erwarb es Kurfürst Ferdinand Maria, um auch hier seine Seefeste feiern zu können. Nach dem Besitz verschiedener Adelsfamilien kaufte es 1834 Herzog Max in Bayern, der Vater der Kaiserin Elisabeth von Österreich. Er ließ das Schloss durch die Kapelle und den großen Hufeisenbau erweitern. Nach dem letzten Krieg war hier eine Fabrik untergebracht und die Gebäude verfielen. 1982 wurde das Schloss renoviert und in Eigentumswohnungen umgewandelt.

Das Schloss Garatshausen wurde im frühen 3
16. Jahrhundert durch die Münchner Patrizier Weiler erbaut. Nach dem Besitz verschiedener Adelsfamilien erwarb es 1834 Herzog Max in Bayern. 1862 erbte es seine Tochter Marie, dann die Fürsten von Thurn und Taxis, die das fast unveränderte Schloss noch besitzen. Im angebauten „Neuen Schloss" ist heute das Altenheim des Landkreises untergebracht.

Schloss Garatshausen (Besitz der Fürsten von Thurn und Taxis)

Schloss Tutzing (heute Evangelische Akademie)

Schloss Kempfenhausen

Schloss Berg, noch heute im Besitz der Wittelsbacher

4 Das Schloss Tutzing erscheint 1480 als Lehen der Münchner Patrizier Dichtl, die sich bald darauf „Dichtl auf Tutzing" nannten. Im 19. Jahrhundert gab es mehrere Umbauten. Heute ist das Schloss in Besitz der „Evangelischen Akademie", die hier schon viele Veranstaltungen mit berühmten Leuten aus aller Welt durchgeführt hat.

5 Schloss Kempfenhausen wurde 1485 als Sommersitz des Münchner Malers Gabriel Maleskircher erbaut. Es hat seine ursprüngliche Form gut bewahrt. Heute gehört es zur Klinik Kempfenhausen. Sehenswert ist die alte Schlosskapelle.

6 Schloss Berg wurde 1640 für Hans Georg von Hörwarth errichtet und 1676 von Kurfürst Ferdinand Maria für seine Seefeste erworben. König Ludwig II. verbrachte hier seine letzten Tage, bis er am 13. Juni 1886 im See den Tod fand. Das Kreuz im See und die Kapelle im Park erinnern uns daran. Das Schloss gehört noch heute den Wittelsbachern.

Schloss Allmannshausen wurde 1696 für die Grafen Hörwarth erbaut. Die Grafen Rambaldi verkauften es an einen Fabrikanten, der es 1881 in eine prunkvolle Villa umbauen ließ. Von dieser Pracht ist heute nicht mehr viel vorhanden. 7

Schloss Ammerland ließ sich Bischof Albrecht Sigmund von Freising Ende des 17. Jahrhunderts erbauen. Es blieb für längere Zeit Sommersitz für Bischöfe aus dem Geschlecht der Wittelsbacher. 1841 schenkte es König Ludwig I. dem Grafen Pocci, der durch seine Stücke für das Marionettentheater berühmt geworden ist. 8

Das ehemalige Schloss Allmannshausen

Schloss Ammerland (heute Eigentumswohnungen)

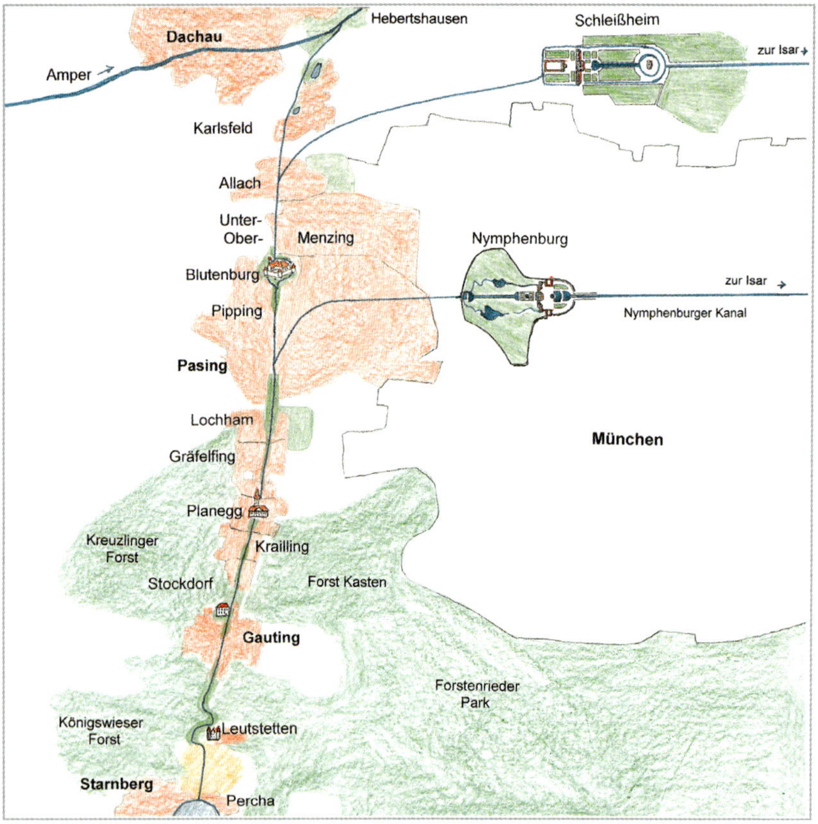

Der Lauf der Würm
Er führt vom Starnberger See durch das Leutstettener Moos und das Würmtal bis zur Mündung in die Amper (bei Dachau).

Die Würm

1 Die Würm fließt seit vielen Jahrhunderten durch ein dichtes Siedlungsgebiet. Schon seit der Jungsteinzeit war für die Menschen ihr frisches Wasser immer wieder ein Grund, sich hier niederzulassen. Es gibt an der Würm (Planegg und Karlsfeld ausgenommen) keinen einzigen Ort, der später als im 8./9. Jahrhundert gegründet worden ist. Vor allem die frühen Bajuwarendörfer („ing"-Orte) reihen sich wie Perlen einer Kette am Fluss.

2 Heute fließt die Würm meist durch dichte, zusammenhängende Wohn- und Villengebiete (z. B. Stockdorf bis Lochham, Menzing bis Karlsfeld), aber auch an Industrieanlagen vorbei. Trotzdem gibt es noch einige recht ursprünglich gebliebene, reizvolle Abschnitte in der unverbauten Landschaft: Im Mühltal zum Beispiel, aber auch bei Schloss Fußberg und im Grubmühler Feld, in Krailling, beim Schloss Planegg und in Gräfelfing. Besonders schön ist der Lauf der Würm durch den Pasinger Stadtpark. Hinter Pasing fließt sie an Pipping vorbei und an der alten Kirche St. Wolfgang. Diese zählt zu den schönsten spätgotischen Kirchen im Umkreis von München. Nach einigen Windungen durch alte Weidenbäume erreicht sie das zauberhafte Schloss Blutenburg. Herzog Albrecht III. hat es sich 1439 als Jagdschlösschen erbauen lassen. Herzog Sigismund ließ 1488 noch die kleine Schlosskapelle anfügen, die mit ihren schönen Altären von Meister Jan Pollack zu den größten Sehenswürdigkeiten Münchens zählt. Schloss Blutenburg ist heute Sitz der Internationalen Jugendbibliothek.

In Pasing muss die Würm einen Teil ihres Wassers an einen Kanal abgeben, der die Gewässer und die kleinen Seen im Nymphenburger Schlosspark versorgt. Hier ist in der Barockzeit die Hofgesellschaft auf vergoldeten Schiffen durch den Park gefahren. Von Nymphenburg 3

Schloss Blutenburg an der Würm

Die Schlosskapelle mit ihrer wertvollen Ausstattung

wird das Würmwasser schließlich zur Isar geleitet. Kurz vor Dachau wird der Würm noch einmal Wasser abgenommen, diesmal für die Wasseranlagen von Schloss Schleißheim. Am Ende mündet die Würm bei Dachau (Hebertshausen) in die Amper, und ihr Wasser fließt weiter zur Isar, zur Donau und in das Schwarze Meer.

Die Würm als Mühlenfluss

1 Die Würm ist ein Fluss, der ein deutliches Gefälle besitzt. Dies hat eine hohe Fließgeschwindigkeit des Wassers zur Folge. Vielleicht bedeutet ihr keltischer Name, im frühen Mittelalter „Wirma" oder „Wirmina" geschrieben, ein schnell fließendes Gewässer. Ihr Gefälle erlaubt auch das Anstauen des Wassers durch Wehre. Und das war die Voraussetzung für den Betrieb von Mühlrädern.

In fast jeder Ortschaft an der Würm gab es einmal eine Mühle. Das waren meist Kornmühlen. In einigen Fällen waren sie auch mit einer Sägmühle kombiniert. So z.B. bei der Oberen Mühle in Mühltal oder bei der Mühle in Krailling. Dort wurden die langen Baumstämme zu Balken und Brettern geschnitten. 2

Die Mühlen waren meist im Besitz einer Herrschaft, die sie mit dem sog. „Mühlenbann" belegte. Eine Mühle durfte nur mit Genehmigung der Herrschaft errichtet werden, und alle Bauern, die zu einer bestimmten Herrschaft gehörten 3

Die Kirche St. Wolfgang in Pipping mit ihrer vollständig erhaltenen Ausstattung aus der Spätgotik

Fürstliche Vergnügungen im Nymphenburger Schlosspark (Ölgemälde, 18. Jahrhundert)

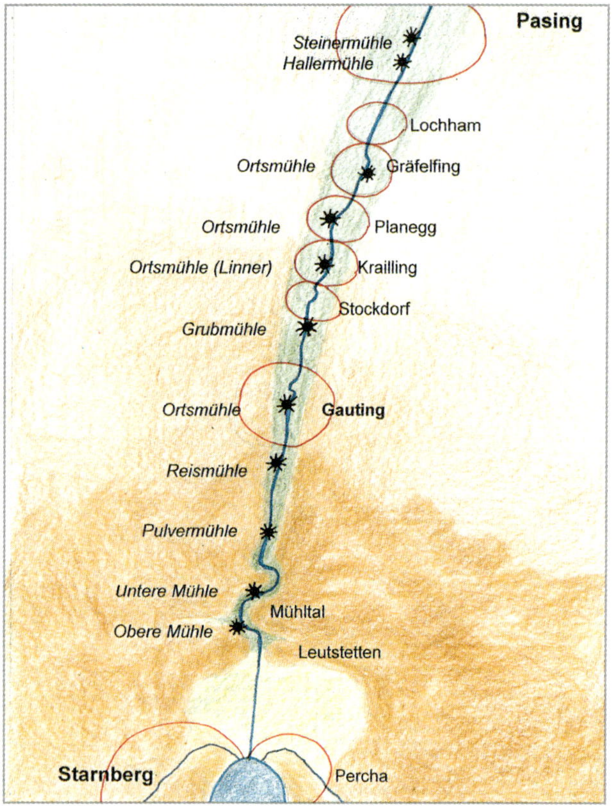

Die ehemaligen Mühlen an der Würm

Das „Wasserrad" an der Würm, ursprünglich von der Papierfabrik, dann von der Spundfabrik Ruhdorfer als Antrieb für Maschinen genutzt. Dieses Wasserrad lief nicht wie die üblichen Mühlräder mit angestautem Wasser, sondern mit dem fließenden Würmwasser. Um mehr Kraft zu erhalten, wurde es wesentlich breiter gebaut als ein Mühlrad.

(z.B. zur Hofmark Fußberg), mussten zu deren Mühle (Ortsmühle Gauting) fahren.

Die vielen Mühlen bildeten im Grunde schon 4
seit dem Mittelalter so etwas wie eine frühe Industrielandschaft an der Würm. Hinzu kamen die Handwerker, die Wasser benötigten, wie Gerber, Färber oder Bierbrauer. In einigen Orten nutzten Hammerschmieden die Wasserkraft. Auch in Gauting gab es eine solche Schmiede in unmittelbarer Nähe von Fußberg. An ihrer Stelle entstand später die Papierfabrik. Im 19. Jahrhundert wurde unterhalb des Schlösslberges eine Pulvermühle eingerichtet. Hier wurde das Sprengpulver für den Bau des St.-Gotthard-Tunnels hergestellt. Nach einer Explosion 1888 wurde der Betrieb jedoch eingestellt. Danach erwarb sie Julius Haerlin und richtete hier eine „Holzschleif" zur Herstellung von Zellstoff (Grundmaterial für Papier) ein.

Im Laufe des späten 19. Jahrhunderts siedelten 5
sich an der Würm mehrere Industriebetriebe an, welche ihre Wasserkraft nutzten. In Gauting zum Beispiel die Maschinenfabrik „Alpha-Werk" (kurz vor dem Schwimmbad, später unter dem Namen „MAFAGA"), die Spundfabrik Ruhdorfer und die von Julius Haerlin 1878 gegründete Papierfabrik. Sie war bis zu ihrem Ende im Jahre 1967 mit über 150 Beschäftigten einer der größten Arbeitgeber in Gauting. Heute befindet sich an ihrer Stelle der „Wohnpark Würmufer". In der Grubmühle richtete sich ein Blattmetallwerk ein, welches zusammen mit einem Werk in Stockdorf aus Kupfer hauchdünne Metallfolien für „Goldpapier" sowie Metallbänder herstellte. Das dumpfe Stoßen der Hämmer soll bis Gauting und Krailling zu hören gewesen sein.

Nachdem der elektrische Strom allgemein nutz- 6
bar gemacht worden war, wurden viele Mühlenbetriebe zur Stromerzeugung umgerüstet: Die Pulvermühle, die Ortsmühle Gauting, die Grubmühle und die Gräfelfinger Mühle. In Mühltal wurde die Wasserkraft für das Pumpenwerk der Würmtal- Wasserversorgung genutzt.

Das Trinkl–Bad in Krailling (Foto um 1920)

Das Gautinger Freibad (Foto um 1930)

Das Leben mit der Würm

1 Die Würm ist ein Gewässer, das den Menschen zu allen Zeiten gute Dienste geleistet hat. Schon die Menschen in der Bronzezeit, die Kelten und die Römer ließen sich hier nieder, weil sie frisches Wasser brauchten. Die Bajuwaren gründeten aus demselben Grund hier ihre Siedlungen. Damals war das Wasser noch so sauber, dass es genießbar war. Vor allem konnte man hier das Vieh tränken. Die Frauen haben am Ufer ihre Wäsche gewaschen und ihre Wolle gefärbt. In allen Dörfern gab es Uferstellen, an denen die Bauern ihre Pferde pflegen („Pferdeschwemme") und ihre Wägen waschen durften.

2 Natürlich gab es in der Würm früher auch viele Fische. Allerdings gehörte das Fischrecht seit dem Mittelalter meist den Schlossherrn in Königswiesen, Fußberg, Krailling und Planegg. Die Bauern durften sich also nicht beim Angeln erwischen lassen!

3 Aber baden durfte man, wenn es im Sommer heiß war. Und weil die Würm nicht besonders tief ist, musste man auch nicht unbedingt schwimmen können. Das war zu allen Zeiten ein Riesenspaß für die Kinder! Gegen Ende des 19. Jahrhunderts, als das Baden so richtig zum Vergnügen für alle wurde, hat man in fast allen Orten Schwimmbäder eingerichtet. So das Trinkl-Bad in Krailling, das kleine Würmbad in Stockdorf oder das Gautinger Freibad, welches in veränderter Form noch immer besteht. Zu Anfang des 19. Jahrhunderts hat es an der Würm mehr als 15 solcher Bäder gegeben!

Im Winter boten sich die kleinen Weiher an der 4
Würm zum Eisstockschießen und zum Eislaufen an. Oder man ging zum Schifahren und zum Rodeln auf die Würmhänge an der „letzten Dulln". Das waren einmal „Abfahrten", die bis München hinein beliebt waren. An manchen Sonntagen fuhren die Schifahrer in Scharen den verschneiten Bahnhofberg hinunter zum Buchendorfer Berg oder zu den Hängen bei der Reismühle oder im Mühltal.

Nicht zuletzt bietet der Würmlauf schöne Wan- 5
der- und Radwege. Vor allem zwischen Gauting und Leutstetten, wo der Weg unmittelbar am Ufer entlang führt. Schön ist auch der Weg oben an der westlichen Hangkante, am einsamen Ulrichskircherl vorbei. Im 19. Jahrhundert wurde das Würmtal bei den Münchnern zum beliebtesten Ausflugsziel neben dem Isartal und dem Starnberger See. Vor allem die Maler kamen heraus, um diese einmalige Flusslandschaft in ihren Bildern festzuhalten. Einige Male organisierten sie sogar Sonderzüge nach Gauting. Dann zogen sie mit Musik und einem Wagen, beladen mit Brotzeit und ein paar Bierfässern, an der Reismühle vorbei, um irgendwo im schattigen Mühltal ein großes Fest zu feiern!

Die ganz ursprünglich erhaltene Flusslandschaft

Die schöne Landschaft

1 Das Würmtal wird als außerordentlich schöne Landschaft gerühmt. Eine Welt für sich ist schon das Leutstettener Moos mit seinen seltenen, teilweise sogar vom Aussterben bedrohten Pflanzen und Tieren. Weil es ein Naturschutzgebiet ist, kann man alles freilich nur von seinem Rand aus beobachten.

2 Nachdem die Würm den schönen Leutstettener Schlosspark durchquert hat, windet sie sich durch das „Gletschertor", die Durchbrüche, die sie einst aus den Moränenwällen gerissen hat. Ganz nah und ungeheuer steil schieben sich die Hänge an die Würm heran. Auf ihnen wachsen vor allem Buchen, die hier schon seit der Eiszeit die vorherrschende Baumart sind. Man kann hier, aber auch bei der Holzschleif und bei der Reismühle besonders gut sehen, wie sich die Würm nach der Eiszeit durch die Schottermassen gesägt hat. Das ist so eindrucksvoll, dass die letzte Eiszeit dafür sogar den international geläufigen Namen „Würm-Eiszeit" erhalten hat.

3 Ganz natürlich und ungezähmt fließt hier die Würm durch das enge, dunkle Tal. Manche Bäume stehen mitten im Wasser, da und dort liegen umgestürzte Bäume quer über den Fluss. An ganz wenigen Stellen nur werden die Ufer etwas befestigt und korrigiert. In kleinen Ausbuchtungen und Seitenarmen, in denen das Wasser ganz ruhig steht, wachsen Wasserpflanzen. Hier können Kröten und Fische laichen. Wo die Sonne durch das dichte Laubdach dringt, leuchtet ein Teppich von Waldblumen. Und wenn wir ein wenig still sind, können wir den Vögeln zuhören: Zaunkönig, Rotkehlchen, Mönchsgrasmücke, Singdrossel und die Schar der Finken sind zu vernehmen. Das Mühltal ist an einzelnen Stellen eine wunderbar erhaltene „Auenlandschaft". Sie zählt zu den schönsten Flusslandschaften Bayerns.

Bei der Reismühle öffnet sich das Tal wie der 4
Trichter einer Trompete. Auch hier hat die Würm ihr Flussbett immer wieder ein wenig verändert. Sie hat die Ufer ausgespült und flache Mulden gebildet. Bei der Reismühle und im Grubmühler Feld kann man das noch gut erkennen. Leider hat man diese Mulden im Bereich der Ortschaften schon fast alle aufgefüllt. Bei jeder Uferreparatur hat man den Würmlauf etwas enger gemacht, so dass die Würm dort heute eher wie ein Kanal wirkt. Dennoch hat die Würmlandschaft auch innerhalb der Ortschaften noch an vielen Stellen etwas von ihrem Zauber bewahrt. Es wäre eine große und lohnende Aufgabe, diese schönen Punkte mit einem Wanderweg zu verbinden!

Trinkwasser aus Mühltal

Unsere Vorfahren holten das Wasser noch aus 1
dem Schöpf- oder dem Pumpbrunnen neben dem Haus. Diese Brunnen konnten aus einer Tiefe von zwei bis drei Metern freilich nur Oberflächenwasser gewinnen. Und dieses war meist nicht besonders sauber. Aus dem Stall, dem Misthaufen und der Odelgrube gelangten immer wieder Schmutz und Krankheitskeime in den Boden und in das Grundwasser. Schwere Krankheiten, ja verheerende Seuchen wie Pest, Typhus und Cholera waren die Folge. In den Städten starb bei besonders schweren Epidemien nicht selten bis zu einem Drittel, in einzelnen Fällen sogar die Hälfte der Bevölkerung. Aber auch in den Dörfern wüteten die Seuchen. In vielen Orten wissen die Leute noch, wo man damals den Pestfriedhof mit einem Massengrab für die Toten angelegt hat.

2 Als man im 19. Jahrhundert die Zusammenhänge erkannte, wurden überall zentrale Wasserversorgungsanlagen geplant. Auch für die Stadt Pasing wurde 1898 eine solche Anlage gebaut. Da das Wasser dafür in Mühltal gewonnen wurde und die Rohre durch das Würmtal gelegt wurden, konnten sich die anderen Würmtalgemeinden dazwischen gleich mit anschließen.

3 Das Pumpenwerk wurde bei der alten Mühle unter dem Karlsberg eingerichtet. Dort pumpten die von einer Turbine angetriebenen Kolbenpumpen das Wasser der größeren Quellen in Mühltal (Iglquelle, Bahnquelle, Fischzuchtquelle) in den Hochbehälter westlich der Bahn (Fassungsvermögen ca. 500 cbm). Von dort lief das Wasser in natürlichem Gefälle bis Pasing. Die Kolbenpumpen arbeiteten bis vor kurzem ohne Unterbrechung. Nun wurden sie jedoch stillgelegt und durch moderne, leistungsfähigere Elektropumpen ersetzt. Die alte Pumpenanlage bleibt aber an Ort und Stelle erhalten; denn sie ist das einzige technische Denkmal des Landkreises Starnberg.

4 Das Fassungsvermögen der Hochbehälter musste in der Zwischenzeit mehrmals durch Neubauten erweitert werden (1520 und 3000 cbm). 1978 wurde ein vierter Wasserbehälter mit 10000 cbm in Betrieb genommen. Die Fischzuchtquelle liefert noch heute ca. 50% des benötigten Wassers. Der Rest wird aus mehreren Tiefbrunnen (ca. 80 m tief) im Königswieser und im Kreuzlinger Forst gewonnen. Unser Trinkwasser ist absolut sauber und sehr schmackhaft. Es wird von der Gesundheitsbehörde ständig kontrolliert. Das Mühltaler Wasserwerk versorgt gegenwärtig etwa 50000 Einwohner zwischen Gauting und Lochham und liefert pro Tag durchschnittlich 9500–13000 cbm. Es gibt über 10000 Hausanschlüsse mit einem Tagesverbrauch von über 200 Litern pro Einwohner. Pasing ist inzwischen an das Wassernetz der Stadt München angeschlossen.

Unterbrunn hatte früher eine eigene Wasserver- 5
sorgung mit einem kleinen Hochbehälter. Auch Buchendorf besaß eine, hatte aber als Wasserbehälter den bekannten Wasserturm. Beide Orte sind heute an die zentrale Wasserversorgung des Würmtal-Zweckverbands angeschlossen. Oberbrunn hängt am Versorgungsnetz der Stadt Starnberg.

① Wie wasserreich das Mühltal ist, kannst du an den vielen kleinen Quellen erkennen, die am Fuß der Hänge austreten. Besonders schön sind sie hinter dem „Kapeller" zu sehen.

② Warum Buchendorf wohl als einziger Ort im Würmtal einen Wasserturm gebaut hat? Ähnliche Wassertürme hat es in der Umgebung von München viele gegeben. Überlege, warum er nötig war! Eine kleine Denkhilfe: Es hängt mit dem Gelände in Buchendorf zusammen.

③ Warum mussten mehrere Male neue und größere Behälter gebaut werden? Informiere dich dazu im Kapitel: „Wie Eisenbahn und Auto unseren Landkreis verändert haben".

Das Wasserwerk in Mühltal (die ehem. Untere Mühle)

Das Pumpenwerk von 1898

Wie Eisenbahn und Auto unseren Landkreis verändert haben

1 Über viele Jahrhunderte waren unsere Dörfer fast unverändert geblieben, die Einwohnerzahlen waren nur geringen Schwankungen unterworfen. Viele Menschen kamen ein ganzes Leben lang über ihre engere Heimat nicht hinaus. Urlaub war für sie ein unbekanntes Wort. Man kam vielleicht ein paarmal auf eine Hochzeit oder eine Beerdigung in die Nachbardörfer. Oder auf den Markt nach Fürstenfeldbruck, Wolfratshausen oder Weilheim. Wenn man einmal in die Residenzstadt München wollte, war das schon eine richtige Reise.

2 1835 geschah etwas, was diese enge Welt verändern sollte: In Nürnberg fuhr die erste Eisenbahn Deutschlands nach Fürth! Bereits 1839 dampfte der erste Zug auf der Strecke München – Pasing – Augsburg. Der Lokomotivführer stand damals noch mit Frack und Zylinder auf dem offenen Führerstand, und die Lokomotiven trugen Namen antiker Götter: Jupiter, Mars, Merkur, Vulkan, Venus oder Juno. Sie „rasten" mit 35 km/h über die Schienen, und die Damen wurden fast ohnmächtig vor Angst und Aufregung!

3 Johann Ulrich Himbsel, der als Architekt an der Augsburger Strecke mitgebaut hatte, plante wenig später eine Eisenbahnlinie von Pasing nach Starnberg. Er erhielt aber zunächst keine Genehmigung. 1851 eröffnete er mit seinem Dampfer „Maximilian" die Schifffahrt auf dem Starnberger See. Gleichzeitig durfte er nun auch sein Eisenbahnprojekt verwirklichen. Bereits 1854 konnte die Strecke nach Starnberg eröffnet werden. Bahnhöfe gab es zunächst nur in Planegg, Gauting, Mühltal und Starnberg. Schon 1865 wurde die Strecke bis Tutzing gebaut und bald darauf bis Weilheim verlängert.

Das hatte Folgen für alle Orte. Von Lochham bis 4
Starnberg entstanden neue Villensiedlungen. Es wurde gebaut und gebaut. Nun konnten die Leute im Würmtal wohnen und zur Arbeit nach München fahren. Verkehrten zu Himbsels Zeiten noch drei Züge täglich zwischen München und Starnberg, so waren es 1925 schon 18 Züge, und seit 1972 sind täglich 130 S-Bahnzüge im Einsatz. 1900 bekam Gauting einen neuen Bahnhof. Weil der Verkehr so angewachsen war, musste die Strecke Pasing – Gauting 1902 sogar viergleisig ausgebaut werden. 1925 wurde sie auf elektrischen Betrieb umgestellt.

1903 wurde schließlich auch die Eisenbahnlinie 5
von Pasing über Germering und Weßling nach Herrsching eröffnet. Nun begann auch dort das Wachstum der Ortschaften.

Als nach dem Zweiten Weltkrieg das Auto seinen 6
Siegeszug antrat, wurden breite Straßen gebaut und geteert. Jetzt errichteten noch mehr Menschen ihre Häuser im Würmtal und in den Ortschaften des Fünf-Seen-Landes. Vor allem erfasste die Entwicklung nun auch die Dörfer, die von der Eisenbahn nicht berührt worden waren. Das verstärkte sich ganz dramatisch, seit die beiden Autobahnen nach Garmisch und Lindau durch unseren Landkreis gelegt wurden. Heute ist der Verkehr bereits zu einer oft unerträglichen Belastung geworden.

① Vergleiche die Entwicklung der Einwohnerzahlen der angegebenen Orte und vergleiche mit der Karte!

② Auch im Kapitel „In der Kreisstadt Starnberg" erfährst du etwas zu diesem Thema.

Einwohnerentwicklung	1850	1875	1900	1939	1950	2000
Gauting + Stockdorf	527	621	1294	4680	8645	18955*
Krailling	300	330	793	2027	3725	7236*
Starnberg	612	1447	2853	5846	9234	13856*
Buchendorf	219	188	184	192	318	777
Unterbrunn	270	258	312	289	424	778

* ohne Ortsteile!

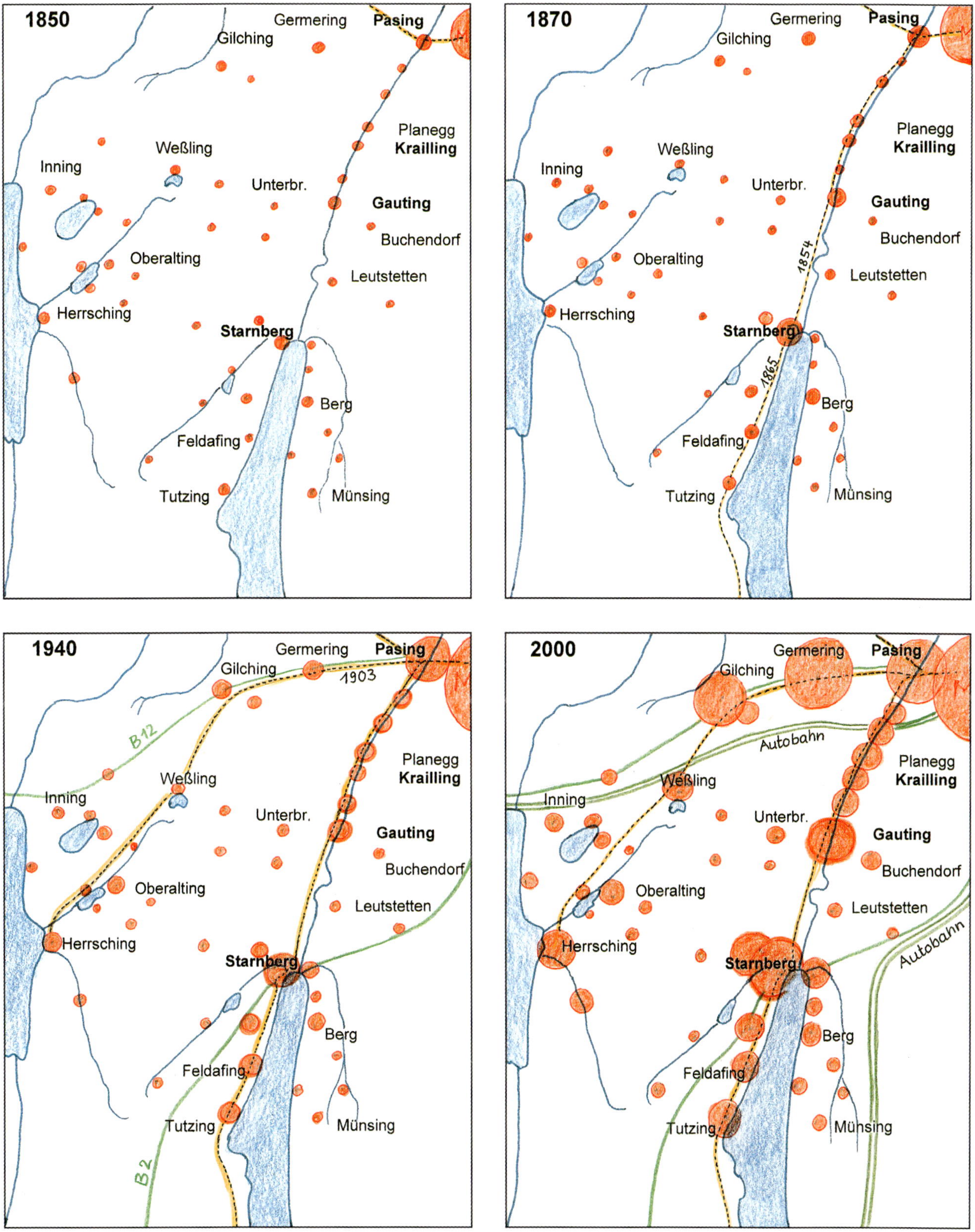

Die vier Karten zeigen dir, wie die einzelnen Orte gewachsen sind

Karl der Große und die Reismühle

1 Wenn du von Gauting mit dem Auto nach Starnberg fährst, kannst du auf der linken Seite den hohen Siloturm der ehemaligen Reismühle erkennen. In ihm wurde das Getreide gelagert, bis es zu Mehl verarbeitet wurde. Seit einigen Jahren hat die Mühle ihre Arbeit eingestellt und die Gebäude an Gewerbetreibende vermietet.

2 Doch die Reismühle kann auf eine lange Geschichte zurückblicken. Im Jahre 1281 wurde sie erstmals in einer Urkunde erwähnt. Sie gehörte damals den bayerischen Herzögen. Berühmt geworden aber ist sie durch die Sage von der Geburt Karls des Großen:

Kaiser Karl der Große, Ölgemälde von Albrecht Dürer, 1512

Einmal weilte König Pippin eine Zeit lang auf der 3
Burg in Weihenstephan bei Freising. Er wollte sich mit Berta, einer wunderschönen Prinzessin aus Frankreich, vermählen. Also schickte er seinen Hofmeister in die Bretagne, um die künftige Königin abzuholen.

Die Reise der Prinzessin war gut vorbereitet. Auf 4
den Wagen standen Truhen mit prächtigen Kleidern und wertvollem Schmuck. In den Kutschen saß das ganze Gefolge der Braut. Der Abschied fiel der Prinzessin schwer, und sie weinte bitterlich, als sie ihre Heimat verlassen musste. Die Reise nach Weihenstephan dauerte mehrere Wochen. Als sie sich langsam ihrem Reiseziel näherten, schickte der Hofmeister das Gefolge der Braut nach Hause. Er hatte nämlich inzwischen einen arglistigen Plan gefasst: Er hatte längst die Ähnlichkeit seiner eigenen Tochter mit Berta erkannt. Nun wollte er sie heimlich gegen die Prinzessin austauschen. Weil Pippin bisher nur ein kleines Bild seiner Braut Berta gesehen hatte, würde er den Betrug sicher nicht bemerken! Und dann würde seine eigene Tochter Königin werden!

Als der Augenblick günstig war, rief er zwei sei- 5
ner Knechte zu sich und befahl ihnen: „Nehmt Berta die königlichen Kleider ab, zieht ihr einfache Gewänder an und führt sie in den Wald. Dann tötet sie! Bringt mir dann ihr blutverschmiertes Unterkleid als Beweis, dass sie nicht mehr lebt!"

Die Knechte stießen Berta in den Wagen. Ihr 6
treues Hündchen folgte ihr. Im Wald aber verrieten sie Berta, was sie mit ihr vorhatten. Weinend bat sie um ihr Leben. Da hatten die Knechte Erbarmen mit der schönen Prinzessin und töteten an ihrer Stelle das Hündchen, um dem Hofmeister zu beweisen, dass die Prinzessin nicht mehr am Leben war.

Berta irrte nun lange durch die Wälder, bis sie zur 7
Reismühle gelangte. Der Müller aber hatte Mit-

leid mit ihr und nahm sie als Magd in seinem Hause auf.

8 Jahre später kam Pippin während der Jagd wieder in unsere Gegend und verirrte sich im Königswieser Forst. Weil es inzwischen schon dunkel geworden war, bat er den Reismüller um ein Nachtlager. Da fiel ihm die schöne Magd des Müllers auf. Plötzlich sah er an ihrer Hand den Ring, den er einst seiner Braut geschickt hatte. Nun erkannte er Berta, seine wirkliche Braut. Gleich am nächsten Tag musste er jedoch nach Weihenstephan zurückkehren, weil er zu einem Krieg gegen die Sachsen gerufen worden war. Vorher aber bestrafte er noch den treulosen Hofmeister und seine falsche Tochter.

9 Wegen des Krieges kam er erst nach einem Jahr wieder zur Reismühle, wo Berta ihn erwartete. Sie hatte inzwischen einen Sohn geboren, den späteren Kaiser Karl den Großen.

10 Wer aber war Karl der Große, der vor den Toren Gautings geboren sein soll? Nach dem Tod König Pippins übernahmen seine Söhne Karl und Karlmann die Herrschaft. Da Karlmann bereits drei Jahre später starb, war Karl, den die Menschen später den Großen genannt haben, nun Alleinherrscher. Konsequent begann er das Frankenreich neu zu ordnen und in gewaltigen Kämpfen über ganz Europa auszudehnen. Es umfasste schließlich neben Deutschland und Frankreich auch Spanien, das Langobardenreich in Italien, Österreich, Polen und Böhmen (Tschechien). Bereits seit dem Jahre 786 baute er Aachen zur glanzvollen Kaiserresidenz aus. Im Aachener Dom kann man noch seinen Thron besichtigen. Im Jahre 800 schließlich wurde er in Rom vom Papst zum Kaiser gekrönt.

11 Das Leben Karls des Großen war geprägt vom Kampf um die Macht, aber auch von politischen und persönlichen Misserfolgen. Sein großes Reich aber konnte nicht lange fortbestehen. Karl der Große, eine der bedeutendsten Herrscherpersönlichkeiten Europas, starb 814 in Aachen. Im Dom liegt er begraben. Da seine beiden Söhne Pippin und Karl schon vor ihm verstorben waren, wurde sein dritter Sohn, Ludwig der Fromme, neuer König.

① Auslöser für die Sage war sicherlich die Tatsache, dass es keine Nachricht über den wirklichen Geburtsort Karls des Großen gibt, obwohl sein Geschichtsschreiber sonst alles genau aufgeschrieben hat. Dies ist schon sehr merkwürdig. Und das regte von Anfang an die Fantasie der Menschen an. Natürlich kann man eine Geburt auf der Reismühle historisch nicht belegen. Aber die Sage ist nicht grundlos hier entstanden. Mehrere bedeutende historische Tatsachen verbergen sich dahinter:

a) Der Name „Reismühle" ist schon im 13. Jahrhundert in dieser Form urkundlich belegt. Er kommt nicht vom „Reis" her. Reis wächst hier nicht und wird auch nicht gemahlen. Steckt dahinter vielleicht der Name „Reichs-Mühle"?

b) Im oberen Würmtal, im Umkreis von Gauting, gab es karolingisches Königsgut, also Besitz Karls des Großen. Seine Schwester Kysila schenkte aus diesem Besitz mehrere Güter samt den Kirchen von Gauting, Buchendorf und Leutstetten dem Kloster Benediktbeuern.

c) Königswiesen, bereits im 9. Jahrhundert als „Siedlung auf des Königs Wiesen" bezeichnet, deutet ebenfalls auf Königsgut hin.

d) Die nahe Karlsburg, unter diesem Namen bereits im 12. Jahrhundert genannt, enthält den bei uns damals ungebräuchlichen Namen Karl. Eine Variante der Sage berichtet von der Geburt des Kaisers auf der Karlsburg.

② Es gibt in Deutschland, Frankreich und Belgien noch weitere Orte, an denen eine Sage von der Geburt Karls des Großen erzählt.

Die Reismühle, Lithographie um 1815

Maria Eich

1 Um 1710 hatte der Planegger Schmied Franz Thalmayr in einer hohlen Eiche eine kleine Muttergottesfigur aufgestellt. Daraufhin kamen immer mehr Leute, um hier vor dem Bild zu beten. Als einige von ihnen wieder gesund wurden, beschloss man, um die Eiche herum eine Kapelle zu bauen. 1745 wurde an Stelle des kleinen Holzbaus ein Kirchlein aus Stein errichtet. Der riesige Baum ragte noch lange oben aus dem Dach heraus. 1805 wurde er jedoch vom Blitz getroffen und mußte bis auf einen Stumpf, der heute noch zu sehen ist, abgetragen werden.

2 Ein Einsiedler, der neben der Kapelle wohnte, betreute die Pilger. Er unterrichtete auch die Planegger Kinder, bis die Gemeinde ein größeres Schulhaus baute.

3 Am 12. Oktober 1775 hielt Kurfürst Max III. Joseph im nahen Kreuzlinger Forst eine Jagd ab. Da flüchtete sich ein mächtiger Hirsch in seiner Not in die Kapelle. Der Kurfürst verstand dies als Zeichen und schenkte dem Tier das Leben. Es galt nämlich als uraltes Recht, dass man in einer Kirche oder einem Friedhof frei war. Niemandem durfte hier etwas geschehen!

3 Noch heute gehört Maria Eich zu den beliebtesten Ausflugszielen der Münchner. Die Wallfahrt wird heute von Franziskanern betreut.

Die Sage von Maria Eich

Die folgende Erzählung zeigt anschaulich, wie aus geschichtlichen Ereignissen Sagen entstehen können, wie das Geschehen dabei ausgeschmückt, erweitert und verändert wird:

„Es war einmal in München ein Herzog, der ritt mit seinem Gefolge zur Hirschjagd bei Planegg. Hunde bellten und Hörner erschollen, und in eiligem Ritt galoppierte die Jagdgesellschaft hinter den Hirschen drein. Da erblickte sie plötzlich einen alten Hirschen mit prächtigem Geweih. Sofort nahm man die Verfolgung auf. Es währte nicht lange, bis das Tier von der Hetzjagd erschöpft war. Die Jäger freuten sich schon auf ihre Beute. Doch plötzlich hielt der Hirsch vor einer Eiche still, in deren Stamm fromme Leute ein Marienbild angebracht hatten.

Hunde und Jäger standen wie gebannt, bis ihnen ein alter, graubärtiger Forstgehilfe erklärte, dies sei die Marien-Eiche. Nun stiegen der Herzog und sein Gefolge von den Pferden und erwiesen dem Muttergottesbild ihre Verehrung. Dem Hirsch aber schenkte der Herzog Leben und Freiheit.

Dann ließ der Herzog ein kleines Kirchlein errichten, aus dessen Dach noch lange die schützende Eiche ragte. Als diese alt und morsch geworden war, wurde auf das Kirchlein ein Turm gesetzt. Die Eiche ist aber noch heute hinter dem Altar zu sehen."

Die Wallfahrtskapelle Maria Eich

Wie sich der Hirsch in die Kapelle verirrt hat

① Überlege, welche neuen Formulierungen typisch für eine Sage sind.
② Warum wohl wird in der Sage von einem Herzog (keinem bestimmten Herzog!) gesprochen?
③ Warum gibt es keine Kapelle, in die der Hirsch flüchtet? Der Einsiedler ist auf einmal ein Forstgehilfe! Nur der graue Bart erinnert an den Einsiedler.

Die Preysingsäule bei Buchendorf

1 Die Rotmarmorsäule im Wald westlich von Buchendorf ist eine typische Gedenksäule aus der Barockzeit. Sie gehört zu den eindrucksvollsten Monumenten unserer Heimat. Sie erinnert an einen Jagdunfall des Grafen Max Emanuel von Preysing im Jahre 1735. Die Jagd, an der auch Kurfürst Karl Albrecht teilnahm, war vom „Blauen Haus", einem kleinen Jagdschlösschen bei Stockdorf, ausgegangen.

2 Der Graf stürzte an dieser Stelle so schwer, dass er bewusstlos liegen blieb. Er war aber wie durch ein Wunder unverletzt geblieben.

3 Zum Dank dafür setzte er der Muttergottes von Altötting, die er in seiner Not angerufen hatte, diese Säule. Er stiftete auch noch eine silberne Ewiglicht-Ampel, die in der Gnadenkapelle von Altötting neben der Ampel des Kurfürsten aufgehängt wurde.

① Die Säule zeigt uns bildhaft, wie das Pferd auf den Grafen gefallen war. Darüber ist eine kleine Kopie des berühmten Altöttinger Gnadenbildes angebracht. Auf der anderen Seite weist ein Helm den Grafen als Ritter aus.
② Die beiden anderen Seiten schildern in lateinischer und deutscher Sprache den Vorgang:
„Den 29. Novembris Anno 1735 ist allhier der Hochgeborne Herr Max Emanuel Graf von Preysing, Churbaierischer Geheimer Rat, Obrist-Stallmeister, auf der Jagd mit dem Pferdt gestürzt und ohne Lebenszeichen gefunden worden. Durch besondere Guettat aber der Wundertätigen Muetter Gottes zu Altenötting von der antringenden Todtesgefahr errettet worden, wovon zur ewigen Danksagung eine Silberne Ampel vor dem Gnaden-Altar von Ihro Churfürstlichen Durchlaucht Carl Albrecht aufgehenkhten erhalten wird. Der du dieses ließest, liebe die Göttliche Muetter. So kannst du sicher wandern in der Gnad des Göttlichen Kindts."

Die Preysingsäule bei Buchendorf

Das Relief zeigt den Sturz des Grafen Preysing

Die Sage vom Laurenzipudel

1 Früher warnten in Unterbrunn die Mütter und Großmütter die Kinder vor einem bösen Untier: Wer sich nach Einbruch der Dunkelheit noch im Hof oder auf der Straße blicken lässt, den holt der Laurenzipudel. Er ist ganz schwarz und schaut einen mit großen, glühenden Augen an. Manchmal erschreckt er die Kinder nur. Er hat aber auch schon welche angefallen und mitgenommen.

2 Am Schornerberg, auf dem Weg nach Frohnloh, hauste ebenfalls ein solcher Hund, der Schornerpudel. Auch in Gauting, im sog. Pumperhölzl, hat es einen gegeben.

① Eine Sage, die an mehreren Orten erzählt wurde, nennt man „Wandersage". Die Mütter warnten ihre Kinder damit vor einem gefährlichen Tier, welches der Hunger manchmal in die Dörfer trieb. Wenn man die Tür öffnete und das Licht in den Hof fiel, glühten seine Augen wie bei einer Katze. Weißt du, welches Tier gemeint ist? Dass es diese Tiere bei uns gegeben hat, beweist ein Waldstück auf dem Weg nach Gilching, dem man den Flurnamen „Wolfskuchl" gegeben hat. Auch diese Erzählung zeigt, dass in einer Sage meist ein wahrer Kern verborgen ist.

Die Seligen Drei Frauen

1 In Leutstetten lebten einmal drei sehr fromme Frauen: Ainpet, Gberpet und Firpet. Sie waren aus einem fremden Land gekommen und hatten sich bei Leutstetten eine kleine Klause gebaut. Sie waren freundlich gegen jedermann, wohltätig und hilfsbereit. Sie kümmerten sich vor allem um Arme und Kranke in der Umgebung.

2 Als eines Tages ein schlimmer Krieg über das Land hereinbrach, verließen die drei Frauen ihre Klause und kehrten nie mehr zurück. Die Leutstettener aber bauten zur Erinnerung eine kleine Kapelle dort, wo die Klause gestanden hatte. Noch lange, so erzählt die Sage, sind dann Frauen, die ein Kind erwarteten, zur Kapelle gekommen. Sie legten kleine Wiegen aus Holz oder Wachs nieder und beteten um eine glückliche Niederkunft.

Die Kapelle steht schon lange nicht mehr. Das 3
kleine Altarbild mit den Seligen Drei Frauen aber hängt noch heute in der Leutstettener Kirche St. Alto.

① Die Kapelle stand dort, wo der Weg von der Wangener Straße ins Moos abzweigt. Das Haus, in dem sich noch Mauerreste der Kapelle befinden sollen, trägt den Hausnamen „Einbettl". Das Altarbild ist 1643 von Sibilla Regina von Starzhausen gestiftet worden.

Der Altar der ehemaligen Einbettl-Kapelle mit den Seligen Drei Frauen

Drei Fräulein auf der Insel Wörth

Auf der Insel Wörth im Würmsee, später Rosen- 1
insel genannt, sollen vor undenklichen Zeiten drei Fräulein gewohnt haben, die sehr fromm waren.

Auf der Insel waren noch lange die Reste einer 2
verfallenen Kirche zu sehen. Unter dem Altar soll alles voll schwarzer Erde und voll von Scherben sein.

① Auch noch an anderen Orten in unserer Nähe erzählte man Sagen von den „Drei Fräulein", so auf dem Schlossberg von Wolfratshausen, auf dem Schlossberg von Grünwald, in Schöngeising, in Sachsenkam, in Dießen u.a.

② Die Sage von den „Drei Fräulein" gibt es auch in vielen anderen Orten in Deutschland (Wandersage). Sie geht sicher auf eine uralte Erinnerung (vermutlich Bronzezeit) zurück. Schon die Zahl „drei" ist charakteristisch. In der Antike gab es die drei Parzen, bei den Germanen die drei Nornen, welche das Schicksal der Menschen kündeten.

③ Die Reste der Kirche waren noch bis zum Bau des Inselschlösschens (um 1850) zu sehen. Die schwarze Erde und die Scherben sind archäologische Zeugen der Stein- und Bronzezeit, die unsere Vorfahren immer wieder dort fanden. Auch hier erkennt man wieder den wahren Kern in der Sage.

Die Mäuseplage in Krailling

1 Vor vielen, vielen Jahren wurde Krailling von einer schrecklichen Mäuseplage heimgesucht. Die Tiere traten in solchen Massen auf, dass sich die Bauern keinen Rat mehr wussten. Die Mäuse fraßen ihnen die Felder leer und fielen über ihre Gemüsegärten her. Auch in den Häusern kamen sie in alle Winkel und Ecken. Es gab kein Brot und keinen Käse mehr. Sogar die Katzen flüchteten sich vor Angst hinter den Ofen.

2 Obwohl die Kraillinger überall Fallen aufstellten und vergiftete Weizenkörner ausstreuten, half nichts gegen diese Plage. Es schien sogar, als kämen für jede tote Maus hundert neue hinzu.

3 Da wandten sich die Kraillinger Bauern in ihrer Not an die hl. Margaret, die Schutzheilige ihrer Kirche. Sie gelobten eine Bittprozession für dieses und alle folgenden Jahre. Darauf verschwanden die Mäuse, und die Not hatte ein Ende. Die Kraillinger aber haben ihr Versprechen nicht vergessen und wiederholen seitdem an jedem dritten Sonntag im Juli ihre „Margaretenprozession".

Die Hexenprobe von Stockdorf

1 Früher hätten manche Leute gar zu gerne gewusst, ob eine von den Frauen im Dorf eine Hexe ist. Um das herauszufinden, müsse man, so wird überliefert, einen Schemel aus neun verschiedenen Hölzern zusammenleimen, nämlich aus dem Holz von Fichte, Tanne, Kiefer, Latsche, Eibe, Lärche, Zirbel, Sandel und Wacholder. Sie müssten aber in der Walpurgisnacht geschnitten werden. Wenn man dann durch das Handloch dieses Schemels schaut, könne man eine Hexe erkennen.

Vor langer Zeit diente ein Knecht, der aus Schön- 2
geising stammte, bei einem Stockdorfer Bauern. Als er einmal vom Geheimnis um den Schemel hörte, packte ihn die Neugier. Er fertigte sich einen solchen Hocker, ganz wie es vorgeschrieben war. Dann nahm er ihn am Weihnachtstag mit in die Christmette. Als es zur Wandlung läutete, lugte er durch das Handloch. Da sah er vorne in der ersten Bankreihe neun Hexen sitzen. Sie knieten verkehrt in der Bank und hatten an Stelle von Hauben alte Bienenkörbe auf dem Kopf, in denen Hühner brüteten.

Die so entdeckten Hexen blickten den Knecht mit 3
wilden Augen an. Weil sein Gesicht aber hinter dem Schemel verborgen war, konnten sie ihn nicht erkennen. Voller Angst rannte er sofort nach Hause und verbrannte den Schemel im Ofen. Nun konnten ihm die Hexen nichts mehr anhaben.

① Es gibt viele Sagen und Märchen, die von Hexen handeln. Früher gab es in vielen Städten und Dörfern Frauen, von denen man glaubte, sie seien Hexen. Es waren sehr oft aber nur böse, zänkische Frauen, die anderen im Zorn etwas Böses wünschten. Wenn dann tatsächlich etwas Schlimmes passierte, war es sicher Schuld der „Hexe". Es gab natürlich auch solche, welche für gutes Geld Zaubertränke und Wunderheilmittel zusammenstellten, und solche, die sich auf das Giftmischen verstanden. Im Mittelalter wurden solche Frauen oft schnell verurteilt, wenn sie als Hexe verleumdet worden waren. Viele wurden dann sogar hingerichtet oder auf dem Scheiterhaufen verbrannt.

② Unsere Vorfahren haben sicher viele Vorgänge in der Natur nicht verstanden. Vieles war ihnen auch nicht ganz geheuer. Wie die Ahnen in grauer Vorzeit glaubten sie an verwunschene Orte und an Plätze, an denen es spukte. In Unterbrunn erinnern Flurnamen wie Wolfskuchl, Teufelsanger, Hexenacker noch daran.

In der Landeshauptstadt München

1 Der Name „München" wird erstmals 1158 in einer Urkunde genannt, und zwar als „Munichen". Es könnte zu dieser Zeit also schon eine Siedlung „bei den Munichen", bei den „Mönchen" gegeben haben. Vielleicht war damit auch nur eine Niederlassung gemeint, die zum Herrschaftsbereich des Klosters Schäftlarn im Isartal gehörte. Wann diese kleine Siedlung aber gegründet worden ist, wissen wir nicht. Das Gebiet der heutigen Stadt München war zu dieser Zeit ganz sicher nicht mehr unbesiedelt. In einzelnen Stadtteilen (Schwabing, Giesing, Sendling, Haidhausen) sind sogar schon Siedlungsspuren aufgedeckt worden, die bis in die Bajuwarenzeit, ja bis in die Steinzeit zurückreichen. Diese Stadtteile waren allerdings einst eigenständige Dörfer und wurden erst im Laufe des 19. Jahrhunderts in die Stadt eingemeindet.

Die Siedlung „Munichen" entstand auf den 2
westlichen Uferterrassen der Isar. Wenn man von der Isar (beim Deutschen Museum) zum

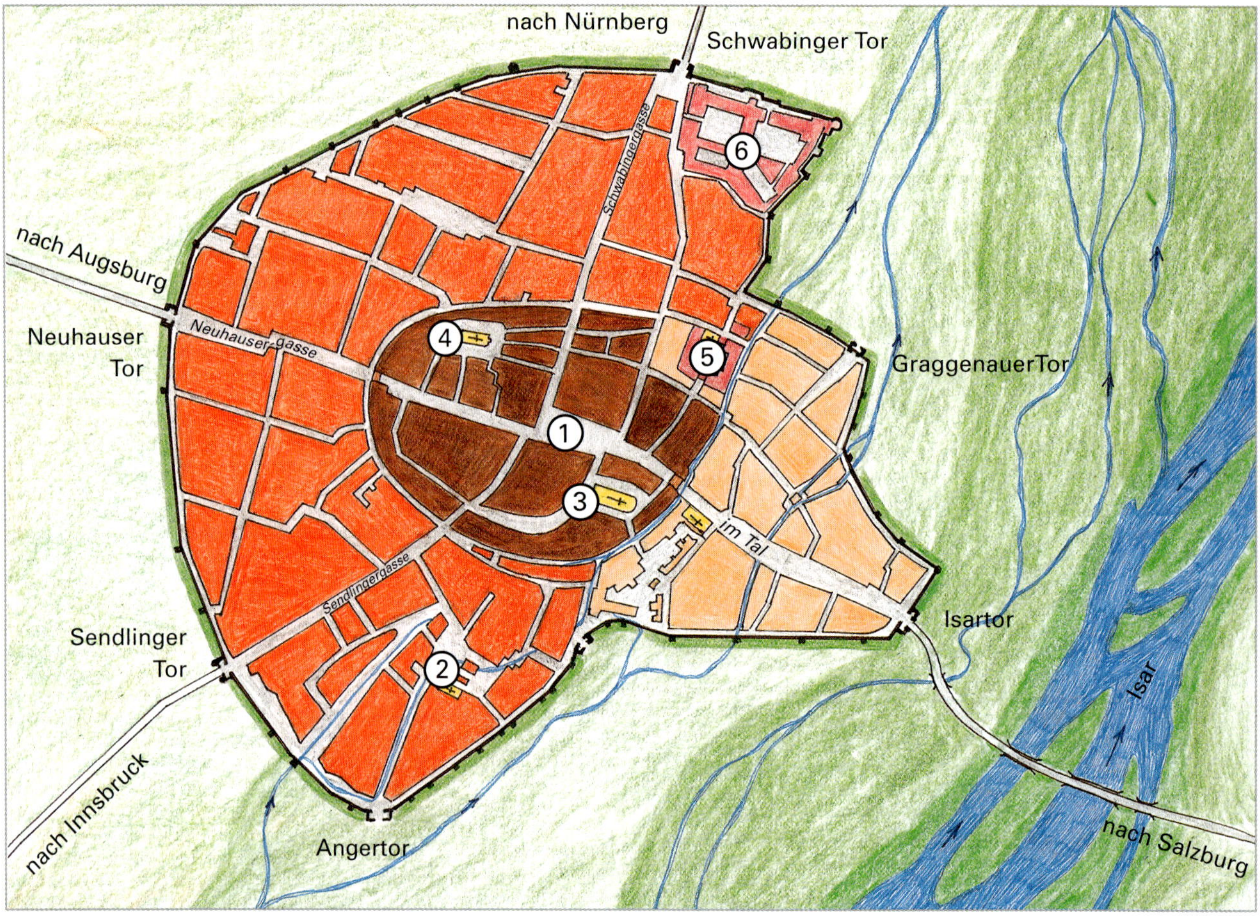

So hat sich München im Mittelalter entwickelt

- bis 1255 (erste Stadtmauer)
- 1255 bis 1300 (zweite Stadtmauer)
- 1301 bis 1791 (Abbruch der Stadtmauer)

1 Marktplatz (Schrannenplatz, Marienplatz)
2 St. Jakobs-Platz
3 Pfarrkirche St. Peter
4 Pfarrkirche zu „Unserer Lieben Frau"
5 Alter Hof
6 Neu-Veste, Residenz

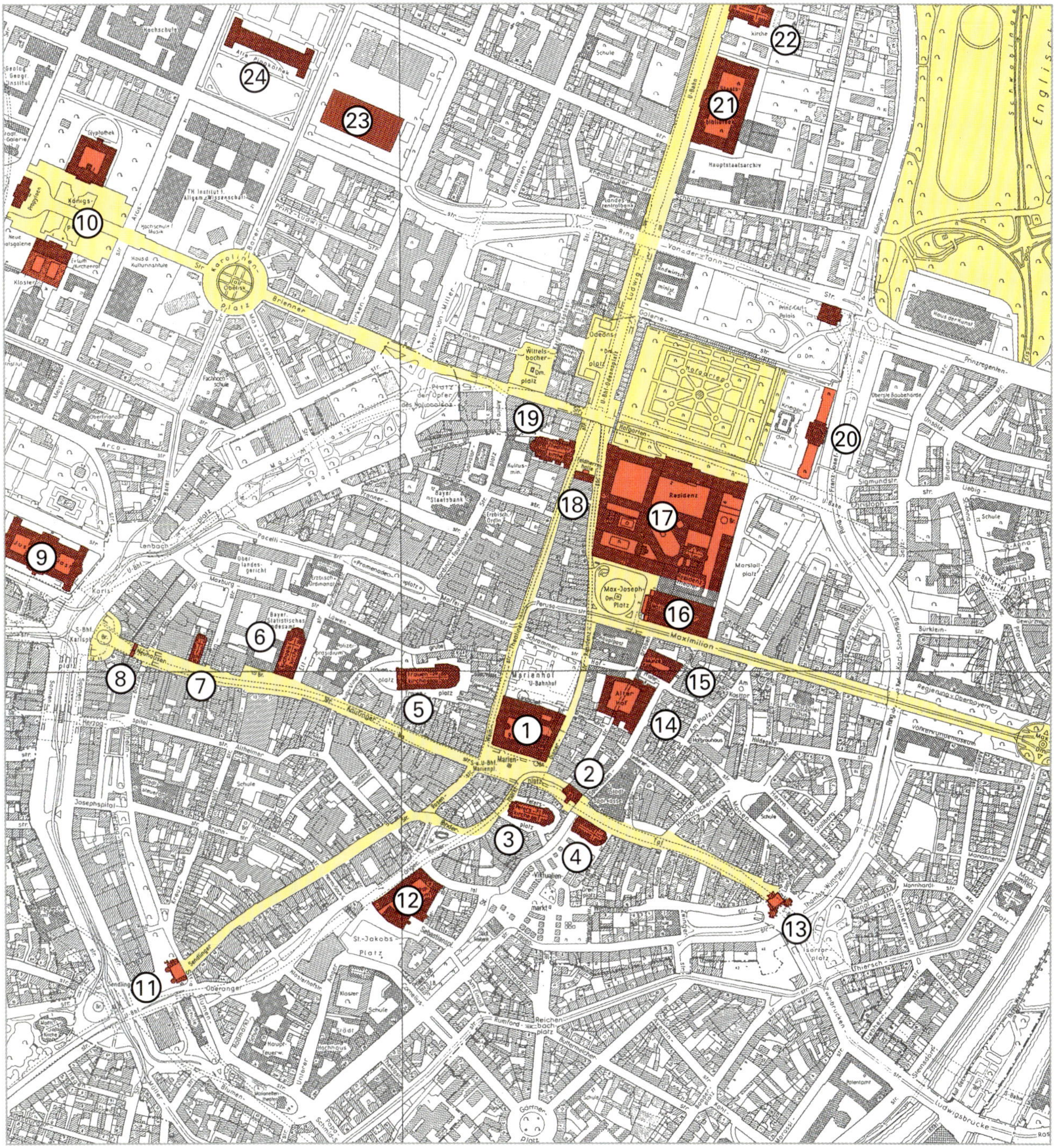

Die Altstadt mit den Sehenswürdigkeiten

1 Rathaus (Marienplatz)
2 Altes Rathaus
3 St. Peter
4 Heiliggeist-Kirche
5 Frauenkirche (Dom)
6 St. Michael
7 Bürgersaal
8 Karlstor (Stachus)
9 Justizpalast
10 Königsplatz (Glyptothek)
11 Sendlinger Tor
12 Stadtmuseum
13 Isartor
14 Alter Hof
15 Münzhof
16 Staatsoper
17 Residenz
18 Feldherrnhalle
19 Theatinerkirche
20 Staatskanzlei
21 Staatsbibliothek
22 Ludwigskirche
23 Pinakothek der Moderne
24 Alte Pinakothek

Blick von Osten auf die mittelalterliche Stadt, Kupferstich von M. Merian, 1632

Marienplatz geht, kann man das leichte Ansteigen des Geländes noch heute erkennen. Die kleine mittelalterliche Stadt, die sich hier rasch entwickelte, konnte sich zunächst nicht bis zur Isar hin ausdehnen, weil das flussnahe Gelände sumpfig und nicht vor Überschwemmungen sicher war. Dieser Bereich war auch von zahlreichen Nebenarmen der Isar durchflossen. Aus ihnen wurden die späteren Stadtbäche, die von den Mühlen und von den Handwerkern genutzt wurden. Der Name der Isar stammt wie fast alle unsere Flussnamen noch aus der Keltenzeit, wenn nicht sogar aus der Bronzezeit. Der Name meint vermutlich „ein schnell fließendes Gewässer". Auch von den Galliern, den Kelten in Frankreich, bekam ein Fluss dort fast denselben Namen: „Isère".

1158 erfahren wir von diesem „Munichen" durch 3
einen handfesten Streit. Die Urkunde, mit der Kaiser Friedrich Barbarossa diesen Streit geschlichtet hat, überliefert uns die Geschichte. Es ging da um eine Straße. Um eine Straße, auf der das Salz von Salzburg und Reichenhall nach Augsburg und weiter nach Westen transportiert wurde. Das Salz war damals eine kostbare, ja lebenswichtige Ware. Man benötigte es, um Lebensmittel (besonders Fleisch, Fisch, Kraut)

Das Isartor war ein Teil der zweiten Stadtmauer

Das Sendlinger Tor

Blick vom Turm des Alten Peter auf den Marienplatz, das Rathaus und die Frauenkirche

einige Zeit vor dem Verderben schützen zu können. Heute haben wir dazu den Kühlschrank und die Gefriertruhe. Der Salzhering und das Sauerkraut werden aber auch heute noch mit Hilfe des Salzes konserviert.

4 Die Salztransporte liefen zu dieser Zeit über die uralte Salzstraße, die bei Oberföhring die Isar überquerte. Die Brücke dort lag auf dem Gebiet des Bischofs von Freising, und der Brückenzoll und der Handel auf dem Oberföhringer Markt waren für ihn eine gute Einnahmequelle. Dieses gute Geld aber wollte Heinrich der Löwe, Herzog von Bayern und Sachsen, für sich haben. Er zerstörte den Marktplatz in Oberföhring und zwang die Fuhrleute, die etwas südlicher gelegene Straße über die Siedlung und den Markt zu „Munichen" zu nehmen. Es kam zu einem heftigen Streit zwischen Herzog und Bischof. Der Kaiser entschied ihn schließlich mit der Auflage, dass das Salz zwar weiter über „Munichen" transportiert werden durfte, der Herzog aber den dritten Teil der Einnahmen an den Bischof abzugeben habe.

Der Handelsweg, den die Salztransporte durch 5
unsere Stadt nahmen, ist im heutigen Stadtgrundriss noch gut zu erkennen: Isartor – Tal – Marienplatz – Kaufingerstraße – Neuhauser Straße – Stachus. Der alte Marktplatz aus der Zeit Heinrichs des Löwen aber ist der heutige Marienplatz. Hier wurde das Salz gehandelt. Hier wurde das „weiße Gold" für die Transporte nach Norden und Süden umgeladen. Auch diese Nord-Süd-Achse ist im heutigen Straßenbild noch erhalten: Nach Süden verläuft die Sendlinger Straße, nach Norden führen die Weinstraße und die Theatinerstraße sowie die Residenzstraße.

Durch diesen Salzhandel nahm „Munichen" 6
einen enormen Aufschwung. Bereits 1214 wird die Siedlung als Stadt bezeichnet. Sie wurde mit einer wehrhaften Stadtmauer umgeben und erhielt das Recht, eigene Münzen zu prägen. Wenn man vom Turm des Alten Peter herabschaut, kann man den Verlauf dieser ersten Stadtmauer noch erkennen. Auch der Turm des Alten Rat-

Der Marienplatz mit der Mariensäule

hauses gehörte einst zu einem Stadttor (Talbrucktor). An der Hausecke des Bekleidungshauses Hirmer wird an den „Schönen Turm" erinnert, der wegen seiner reichen Bemalung berühmt war.

7 Bereits um 1285, unter der Regierung Kaiser Ludwigs des Bayern, musste die Stadt bedeutend erweitert und mit einer neuen Stadtmauer

Das Alte Rathaus, dahinter die Heiliggeist-Kirche

umgeben werden. Von den neuen Stadttoren sind das Isartor, das Karlstor (ursprünglich Neuhauser Tor) und das Sendlinger Tor noch erhalten. Die Stadt nahm auch weiterhin einen gewaltigen Aufschwung; denn der Handel mit Salz, aber auch mit Getreide, mit Gewürzen und Tuch brachte viel Geld und Wohlstand. Dabei erlebte vor allem die Kunst (schöne Bürgerhäuser, Malerei, Bildhauerei, Goldschmiedekunst, Musik) eine Blütezeit.

Reich gewordene Bürger stiegen in den Stadt- 8
adel auf. Einige Patrizierfamilien wie die Barth, Rosenbusch, Ligsalz, Pütrich oder Dichtl traten später durch den Kauf von Gütern und Hofmarken auch mit unserer Heimat im Würmtal und am Starnberger See in Beziehung. Der Name Ligsalz geht direkt auf den Inhaber einer Salzniederlage zurück. Die Handwerker organisierten sich in Zünften, welche über die Lehrlingsausbildung und über die Qualität und die Preise der Waren wachten. An den Stadtbächen hatten sich verschiedene Handwerker angesiedelt, die Wasser benötigten, wie Müller, Färber und Lederer (Gerber). Mancher Straßenname erinnert noch daran.

Am Marienplatz

Wenn man die Stadt besichtigen will, beginnt 1
man am besten am Marienplatz. Dort finden wir das Neue Rathaus, welches zwischen 1867 und 1909 errichtet wurde. Das berühmte Glockenspiel zeigt ein glanzvolles Ritterturnier auf dem Marienplatz, welches anlässlich einer Fürstenhochzeit veranstaltet worden ist. An der Südwestecke des Rathauses erinnert ein böser, Gift und Galle speiender Lindwurm an eine schlimme Pestepidemie, die einen großen Teil der Bevölkerung dahinraffte. Damals waren die Schäffler die ersten, welche sich nach dem Ende der Pest wieder auf die Straße wagten. Mit Gesang und Tanz lockten sie die verängstigten Bürger aus ihren Häusern. Über dem Drachenbild und auch oben im Glockenspiel kannst du die Schäffler tanzen sehen!

2 Das Alte Rathaus wird schon um 1310 erwähnt. Der heute wiederaufgebaute Bau mit dem Treppengiebel wurde aber erst um 1470/80 erbaut. In der Mitte des Platzes steht die Mariensäule. Kurfürst Maximilian I. hat sie 1640 als Dank für die Rettung Münchens beim Ansturm der Schweden im Dreißigjährigen Krieg errichten lassen. Zu ihren Füßen kämpfen vier Putten aus Bronze gegen Pest, Hunger, Krieg und Irrglauben. König Ludwig III. hat 1916 die Muttergottes zur Schutzpatronin Bayerns, zur „Patrona Bavariae" erklärt.

Die Frauenkirche

1 In der mittelalterlichen Stadt gab es nur vier Kirchen: Die Kirche zu Unserer Lieben Frau, die St. Peterskirche, die Heiliggeist-Kirche und die St. Jakobskirche am Anger. Die Salzstraße vom Isartor zum Neuhauser Tor teilte die Stadt in zwei Pfarreien, die Frauenpfarrei (Frauenkirche) und die Peterspfarrei. Die Frauenkirche war damals allerdings noch eine kleinere, im Stil der Romanik erbaute Kirche. Im 15. Jahrhundert war sie freilich für die stark angewachsene Bevölkerung längst viel zu klein geworden. Deshalb beschlossen die Bürger den Bau einer neuen großen Pfarrkirche im Stil der Gotik, wie sie andere Städte in Bayern, wie Ingolstadt oder Landshut, bereits gebaut hatten.

2 1468 wurde von Herzog Sigismund der Grundstein gelegt, und in der Rekordzeit von nur 30 Jahren war der riesige Bau mit seinen fast 100 m hohen, mächtigen Türmen vollendet. Nur die Turmspitzen fehlten noch. Weil aber bereits eine neue Baumode, die Renaissance, ins Land gekommen war, beschloss man, den Türmen keine Spitzen mehr aufzusetzen, sondern Kuppeln, wie man sie in Augsburg bereits gesehen hatte. So ist die Frauenkirche mit ihren „Hauben" zum Wahrzeichen von München geworden, und es gibt keine Kirche auf der Welt, mit der man sie verwechseln könnte.

3 Die Kirche war im Vergleich zur Größe der Stadt riesig geworden. Mit ihrer Länge von 107 m hätte sie bequem alle ihre Einwohner aufnehmen können. Die wohlhabenden Familien, aber auch die verschiedenen Zünfte haben viel, oft ganze Altäre für die Frauenkirche gestiftet. So mancher ist dafür auf den kleinen, runden Schlusssteinen am Gewölbe verewigt worden. Als 1821 der Sitz des Erzbischofs von Freising in die königliche Residenzstadt München verlegt wurde, wurde die Frauenkirche zur Bischofskirche (Dom) erhoben.

Das gotische Kirchenschiff der Frauenkirche (Dom)

Der Innenraum der Frauenkirche hat viele Ver- 4
änderungen erfahren. Immer wenn eine neue Mode ins Land kam, hat man Altes herausgenommen und durch neue Kunstwerke ersetzt. Auf diese Weise ist leider viel Kostbares verloren gegangen. Nach dem letzten Krieg, bei dem die Kirche stark beschädigt wurde, hat man einige der beiseite geschafften Kunstwerke wieder aufgestellt. So finden wir heute neben den schönen

Die Pfarrkirche St. Peter (der „Alte Peter")

alten Glasfenstern des Mittelalters wieder viele außerordentlich wertvolle Figuren und Gemälde auf den Seitenaltären. Auch Wappenschilde der alten Patrizierfamilien wurden wieder aufgehängt. Den hinteren Teil des rechten Seitenschiffs nimmt das prunkvolle Grabmal von Kaiser Ludwig dem Bayern ein.

5 Da ist uns auch noch eine Sage überliefert: Als der Bau fertig war, schlich sich der Teufel heimlich hinein. Als er unter der Empore stand, sah er keine Fenster. Deshalb lachte er lauthals über den Baumeister Jörg von Halsbach, der doch tatsächlich die Fenster vergessen hatte! Da trat Meister Jörg hinzu und sagte: „Du musst nur ein paar Schritte nach vorne gehen, dann wirst du sehen, dass alle Fenster nur von den dicken Pfeilern verdeckt wurden!" Da sah der Teufel, dass er der Dumme war und sich blamiert hatte. Und er stampfte vor Wut so stark auf, dass sein Fußtritt noch heute im Kirchenpflaster zu sehen ist. Dann stürzte er im Zorn zum Portal hinaus und vergaß, sein Windross mitzunehmen. Weil es dort noch immer an der Kette hängt, geht vor der Domfassade ständig der Wind.

Der Alte Peter und die Heiliggeist-Kirche

Die Pfarrkirche St. Peter, von den Münchnern 1
liebevoll „Alter Peter" genannt, hat noch viele Bauteile aus der Zeit der Romanik und der Gotik bewahrt. Das Innere wird jedoch von der Ausgestaltung der Barockzeit bestimmt. Besonders bemerkenswert sind einige Seitenaltäre sowie der prächtige Hochaltar mit der Figur des hl. Petrus, 1517 geschaffen von dem Münchner Meister Erasmus Grasser. Die Figuren der vier Kirchenväter hat Egid Quirin Asam 1753 hinzugefügt. Wenn du um die Kirche herumgehst, findest du an der Kirchenmauer alte Grabsteine. Sie erinnern noch an den Friedhof, der die Kirche einmal umgeben hat. Auf der Ostseite der Kirche kann man auch gut erkennen, dass sie auf einer kleinen Anhöhe, dem „Petersbergl" steht.

Gleich unterhalb des Petersbergls befindet sich 2
die Heiliggeist-Kirche, ursprünglich die Kirche eines Spitals (Altersheim, Krankenhaus, Waisenhaus), welches schon im 13. Jahrhundert nachzuweisen ist. Die gotische Hallenkirche (erbaut 1392) wurde in der Barockzeit neu dekoriert. Die wertvollen Fresken von dem großen Barockmaler Cosmas Damian Asam wurden leider im Krieg zerstört. Sie konnten aber nach alten Farbaufnahmen wiederhergestellt werden.

Cosmas Damian Asam und sein Bruder, der Bild- 3
hauer Egid Quirin, haben sich neben ihrem Wohnhaus in der Sendlinger Straße eine kleine private Kirche errichtet und wundervoll ausgestattet. Es ist die St. Nepomuk-Kirche, bei den Münchnern nur „Asamkirche" genannt. Sie gehört zum Kostbarsten, was in der Barockzeit in München entstanden ist.

Die Kirche St. Michael in der Neuhauser Straße

Der großartige Innenraum der Michaelskirche

Michaelskirche und Bürgersaal

1 Auch in der Neuhauser Straße finden wir zwei schöne Kirchen. Herzog Wilhelm V. hatte 1559 den Orden der Jesuiten nach München gerufen. Nun wollte er ihnen ein Kloster und eine würdige Kirche bauen lassen und stellte dazu einige Grundstücke an der Neuhauser Gasse zur Verfügung. 1583 konnte mit dem Bau der Kirche nach den Plänen von Friedrich Sustris begonnen werden. Es wurde ein sehr großer und eindrucksvoller Raum, der heute als Hauptwerk der Kirchenbaukunst der Renaissance in Deutschland gilt. Das mächtige Gewölbe besitzt eine Spannweite von 20 m und gilt, nach dem der Peterskirche in Rom, als das größte gemauerte Tonnengewölbe der Welt. Die Ausstattung ist von höchster Qualität. Besonders schön ist der Hochaltar, der schon beim Eintreten den Blick auf sich zieht. In der Fürstengruft, die man besichtigen kann, sind viele Angehörige des Wittelsbacher Fürstengeschlechts beigesetzt, unter anderen Herzog Wilhelm V., Kurfürst Maximilian I. und König Ludwig II. Die hochragende Fassade enthält zwischen den beiden Portalen die berühmte Bronzefigur des hl. Erzengels Michael (1588). Er kämpft gegen den Teufel, das Sinnbild für alles Böse auf der Welt. Darüber stehen in kleinen Nischen Bronzefiguren von Herrschern aus dem Geschlecht der Wittelsbacher.

Ein paar Meter weiter in Richtung Karlstor finden 2
wir den Bügersaal. Der weite Saal im Obergeschoss ist ein Ort der Stille im lärmenden Getriebe der Fußgängerzone. Unter der Orgelempore steht die schöne Schutzengelfigur des berühmten Münchner Bildhauers Ignaz Günther. In der Unterkirche ist der bekannte Pater Rupert

Der Alte Hof mit dem berühmten Erker, Zeichnung von C. A. Lebschée, um 1850

Mayer begraben. Für seine mutigen Predigten gegen den Nationalsozialismus wurde er in das Konzentrationslager Dachau gebracht. Papst Johannes Paul II. hat ihn 1987 seliggesprochen.

Der Alte Hof

1 Wenn man vom Marienplatz in die Burgstraße einbiegt, sieht man schon den Torturm des Alten Hofes. 1255 verlegte der Herzog seine Residenz von Landshut nach München und ließ in der Nordostecke der Stadt eine kleine Burg errichten. Als Herzog Ludwig IV. 1314 zum Kaiser gewählt worden war, wurde der Alte Hof sogar zum Mittelpunkt des Reiches. Er ließ ihn erweitern und neu einrichten. Das Reiterstandbild von Kaiser Ludwig steht hinter dem nördlichen Tor des Alten Hofes, sein prunkvolles Grab befindet sich im Dom.

2 Der älteste Teil der Burg ist mit einem schönen, hohen Erker ausgestattet. Von ihm handelt folgende Sage: Eines Tages kletterte ein Affe, der hier als Haustier gehalten wurde, aus einem Fenster des Erkers auf das Dach. Im Arm hielt er ein kleines Kind, das in einem Wickelkissen steckte. Bald versammelten sich unten im Hof viele Leute und starrten entsetzt nach oben. Niemand wusste einen Rat. Glücklicherweise kehrte der Affe nach einiger Zeit wieder mit dem Kind in den Erker zurück. Es wird sogar erzählt, das kleine Kind sei der spätere Kaiser Ludwig der Bayer gewesen. Im Burggraben wurden damals auch noch andere „Haustiere" gehalten, nämlich Löwen, die Wappentiere Bayerns.

Residenz und Max-Joseph-Platz

Als um 1285 die Stadt erweitert wurde und eine 1
neue Stadtmauer bekam, lag der Alte Hof auf einmal mitten in der Stadt. Das gefiel den Her-

Die Feldherrnhalle und die Residenz

Der Max-Joseph-Platz mit dem Denkmal für König Max I., mit der Bayerischen Staatsoper und dem Königsbau der Residenz

zögen aber nicht. Deshalb ließen sie in der Ecke der neuen Stadtmauer eine neue Residenz bauen, genannt die „Neuveste". Dieser Bau wurde in den folgenden Jahrhunderten immer wieder durch Zubauten erweitert. Auf diese Weise entwickelte sich die Residenz der bayerischen Herzöge, Kurfürsten und Könige zu einem riesigen Schlosskomplex. Die verschiedenen Gebäude zeigten am Ende fast alle Stile der Kunstgeschichte. Die letzten Bauteile hat König Ludwig I. hinzugefügt.

2 Die Münchner Residenz gilt heute als eines der bedeutendsten Stadtschlösser der Welt. Besonders sehenswert sind das sogenannte „Antiquarium" (ein herrlicher Festsaal), die Räume des Kurfürsten Maximilian I., die „Reichen Zimmer" aus der Zeit des Rokoko und die Räume König Ludwigs I. Nicht versäumen darf man einen Besuch der Schatzkammer mit den kostbaren Schätzen der Wittelsbacher Herrscher.

Der Innenhof der ehemaligen Münze (urspr. Marstall, 1567)

3 Zwischen dem Alten Hof und der neuen Residenz wurde ein großer Marstall für die Pferde des Hofes gebaut. In seinen Obergeschossen wurden eigene Räume für die großen Kunst- und Raritätensammlungen der Herzöge eingerichtet. Dieses schöne Gebäude im Stil der Renaissance nahm später die Königliche Münze auf. Heute befindet sich dort das Bayerische Landesamt für Denkmalpflege.

4 An der Südseite der Residenz befindet sich der Max-Joseph-Platz mit dem Denkmal für König Max I. und dem Opernhaus (Nationaltheater). Die Bayerische Staatsoper zählt zu den führenden Opernhäusern der Welt. Mehrere Bühnenwerke Richard Wagners wurden hier uraufgeführt.

5 Vom Max-Joseph-Platz führt die Maximilianstraße nach Osten. Sie wurde von König Max II. als Prachtstraße angelegt. Heute findet

Blick über den Hofgarten zur Theatinerkirche.

man hier die feinsten und teuersten Geschäfte der Stadt. Am Ende der Straße erkennt man hoch über dem Isarufer das „Maximilianeum". Hier treten die Minister und die Abgeordneten des bayerischen Landtages (Parlament) zu ihren Beratungen zusammen.

6 Auf der Nordseite der Residenz hat Kurfürst Maximilian I. um 1620 für sich und seine Familie einen schönen Hofgarten nach italienischem Vorbild anlegen lassen. Zu Beginn des 19. Jahrhunderts wurde er auch für die Münchner Bevölkerung geöffnet. Er ist heute ein Ort der Stille und der Ruhe mitten in der Stadt. Am östlichen Ende des Hofgartens befindet sich ein langgezogener Bau mit einer Kuppel. Es ist die Staatskanzlei, der Amtssitz des bayerischen Ministerpräsidenten.

Der Wittelsbacher Platz mit dem Denkmal für Kurfürst Maximilian I.

Odeonsplatz und Ludwigstraße

Wenn wir zum Odeonsplatz kommen, beein- 1
drucken uns zuallererst die großartige barocke Doppelturmfassade und die Kuppel der Theatinerkirche (eigentlich St. Kajetan). Kurfürst Ferdinand Maria hat sie als Dank für die Geburt des lang ersehnten Thronfolgers Max Emanuel gestiftet. Auch in dieser Kirche gibt es eine Fürstengruft, die man besichtigen kann. Hier sind in prunkvollen Särgen die Kurfürsten Ferdinand Maria, Max Emanuel und Max III. Joseph mit ihren Frauen beigesetzt. Auch Kaiser Karl VII. und Kronprinz Ruprecht haben dort ihre letzte Ruhe gefunden. In einer Seitenkapelle der Kirche stehen die Sarkophage von König Max II. und Königin Marie, den Eltern König Ludwigs II.

Den Odeonsplatz und die genau 1 km lange Lud- 2
wigstraße hat König Ludwig I. auf der alten Trasse der Schwabinger Landstraße anlegen lassen. An ihrem Beginn steht die an das Rokokopalais der Grafen von Preysing angebaute Feldherrnhalle. Sie wurde nach dem Vorbild einer

Der Königsplatz mit den Propyläen (Tor) und dem Museum für antike Kunstwerke (Glyptothek)

ähnlichen offenen Halle in Florenz erbaut und ist den beiden großen bayerischen Feldherren Graf Tilly und Fürst Wrede gewidmet.

3 In der Ludwigstraße, deren Bauten ganz von italienischen Vorbildern geprägt sind, finden wir das Reiterdenkmal König Ludwigs I., die Bayerische Staatsbibliothek (eine der größten und bedeutendsten Bibliotheken Europas), die Ludwig-Maximilians-Universität und die Ludwigskirche. Das Siegestor am Ende ist der bayerischen Armee und ihren Soldaten gewidmet.

Vom Odeonsplatz zum Königsplatz

1 Wenn wir uns vom Odeonsplatz nach Westen wenden, kommen wir am Wittelsbacher Platz mit dem Reiterstandbild des Kurfürsten Maximilian I. vorbei. Er regierte während des Dreißigjährigen Krieges und war einer der bedeutendsten bayerischen Fürsten. Auf dem nächsten Platz befindet sich ein Denkmal, in dem eine ewige Flamme brennt. Es ist allen Opfern des Nationalsozialismus gewidmet. Auch auf dem kreisrund angelegten Karolinenplatz erinnert ein Denkmal an die Opfer eines Krieges. Der aus Bronze gegossene Obelisk ist den 30 000 bayerischen Soldaten gewidmet, die mit Napoleon 1813 nach Russland marschieren mussten und dort im Eis und im Schnee des russischen Winters umgekommen sind.

Der Königsplatz bildet das Ende unseres Spa- 2
zierganges. Er wurde auf Befehl von König Ludwig I. angelegt und ist ein Zeuge seiner großen Liebe zum antiken Griechenland. Wegen dieser und ähnlicher Bauten in der Stadt (z.B. der Ruhmeshalle hinter der Bavaria) wurde München oft als „Isar-Athen" bezeichnet. Das Tor in der Mitte, „Propyläen" genannt, ist nach dem Vorbild eines ähnlichen Tores in Athen errichtet. Die tempelartigen Bauten zu beiden Seiten (Glyptothek und Antikensammlung) wurden für die große Sammlung griechischer, etruskischer und römischer Kunstwerke (Statuen, bemalte Vasen, Schmuck) des Königs gebaut. Sie gehören zu den bedeutendsten Museen dieser Art in Europa.

Etwas nördlich des Königsplatzes finden wir drei 3
weitere große und bedeutende Museen: Die von König Ludwig I. erbaute Alte Pinakothek (Gemäldesammlung alter Meister), die Neue Pinakothek (für die Malerei des 19. Jahrhunderts) und die Pinakothek der Moderne. Gleich hinter den Propyläen befindet sich das Lenbachhaus mit den Gemäldesammlungen der Stadt München.

Stadt München

Freistaat Bayern

Landkreis Starnberg

Planegg

Krailling

Gauting

Leutstetten

Starnberg

Unsere Wappen

1 Im hohen Mittelalter trugen die Ritter die Wappen und Farben ihrer Herren auf ihren Schilden und auf der Rüstung. Manche Ortschaften übernahmen später die Wappen ihrer Herrschaft, andere (wie München) schufen sich ihre eigenen Wappen.

2 Das Wappen des Freistaates Bayern ist aus mehreren Wappen zusammengesetzt. Das linke obere Feld steht für die Oberpfalz, der weiße (eigentlich silberne) Rechen für Franken, der blaue Panther für Ober- und Niederbayern und die drei schwarzen Löwen für Schwaben. Der Herzschild mit den weiß-blauen Rauten der Wittelsbacher steht für Bayern und zeigt, dass die verschiedenen Landesteile unter den bayerischen Königen zu einem Staat vereinigt wurden.

3 Das Münchner Wappen mit dem Mönch erinnert an die Anfänge der Stadt und an ihren Namen („Munichen"). Im Wappen des Landkreises Starnberg stammen der goldene Löwe und der goldene Adler von den Grafen von Andechs, die weiß-blauen Rauten im Hintergrund erinnern an die Wittelsbacher, die unser Fünf-Seen-Land 1248 übernahmen.

Im Planegger Wappen stammt die rote Eule aus 4
dem Wappen der Grafen von Hörwarth, die im 17. Jh. Besitzer der Hofmark Planegg waren, das blaue Band zeigt die Lage an der Würm. Das Kraillinger Wappen zeigt ebenfalls die Würm sowie zwei Bäume für die beiden Forste, zwischen denen Krailling liegt. Das Gautinger Wappen erinnert an die Geburt Karls des Großen auf der Reismühle. Die drei Kronen im Leutstettener Wappen stehen für die Herren der Karlsburg, für die Leutstettener Hofmarksherren und für die Wittelsbacher, die das Schloss 1875 erwarben. Das Starnberger Wappen ist auch ohne Erklärung zu verstehen. Es stammt anders als die anderen Gemeindewappen schon aus dem Mittelalter (Herren von Starnberg). Buchendorf, Unter- und Oberbrunn besitzen keine Wappen.

Bildnachweis

Antiquariat Paul Heinemann, Starnberg: 116ur

Reinhard Bauer, Stadtteilbuch Münchner Altstadt, München 1994: 147

Bayerisches Landesamt für Denkmalpflege: 24

Bayerisches Landesvermessungsamt: 53, 106, 107

F. Birkner, Ur- und Vorzeit Bayerns, München 1936: 13, 16

Breslau, Universitätsbibliothek: 58

Gauting, Gemeindearchiv: 39ul, 90ur, 96, 97u, 98, 99or, 100lo, 100ro, 135or, Umschlag

Peter Kolb, Die Römer bei uns (MPZ): 29, 30, 40o

W. Krämer, Neue Beiträge zur Vor- und Frühgeschichte von Gauting, 1967: 38

Krailling, Gemeindearchiv: 90ur, 108ol, 108or, 108ul, 113ol, 113ul, 135ol

Stefan Mühlemeier, Pöcking: 40m, 42or, 43o

München, Archäologische Staatssammlung: 14ul, 19ul, 19ur, 22ul, 22ur, 25ul, 32ur, 36ul, 51o

München, Privatbesitz: 110

München, Staatl. Graphische Sammlung: 116ol, 116or

München, Staatliche Verwaltung der Schlösser, Gärten und Seen: 101, 133ur

Nürnberg, Germanisches Nationalmuseum: 140

G. Schober, Bilder aus dem Fünf-Seen-Land, Starnberg 1979: 62, 93o, 94, 114o, 115o, 115u, 124ul, 124ur, 141

Starnberg, Heimatmuseum: 125o, 127, 128

H.P. Steininger, Gauting: 59u

Alle anderen Abbildungen stammen vom Verfasser.

Literatur zu den verschiedenen Themen

In diesen Büchern kannst du dich noch weiter informieren:

Gerhard Dix u. Wolfgang Pusch, Starnberg. Eine Stadt wird 75 Jahre. Buchendorf 1987

Johann Baptist Huber, Die Kraillinger Chronik I u. II. Krailling, 1983 und 1997

Otto Michael Knab, Hans Zellner u.a., Heimatbuch Stadt Starnberg. Starnberg 1972

Peter Kolb, Die Römer bei uns. München 2000 (Museumspädagogisches Zentrum)

Wolfgang Krämer, Geschichte der Gemeinde Gauting. Gauting 1949

Wolfgang Krämer, Neue Beiträge zur Vor- und Frühgeschichte von Gauting. Gauting 1967

Hans-Georg Krause, Gauting in historischen Fotografien. Buchendorf 1989

Karl Mayr, Gauting und Stockdorf 1870–1978. München 1985

Ludwig Berchtold, Stockdorf. Geschichte und G'schichtn des Ortes an der Würm. Buchendorf 1997

Gerhard Ongyerth, Kulturlandschaft Würmtal. München 1985. (Veröffentl. des Bayer. Landesamtes für Denkmalpflege)

Franz Oßner, Geschichte der Pfarrei Planegg. Planegg 1981

Rüdiger von Reichert, Schloss Fußberg an der Würm. München 2001

Gisela Schinzel, Das versunkene Schloss. Die schönsten Sagen aus dem Würmtal vom Starnberger See bis Dachau. München 1974

Gerhard Schober, Geschichte der Gemeinde Unterbrunn. Unter besonderer Berücksichtigung der Gemeinde Oberbrunn sowie der Weiler Frohnloh und Hausen. Unterbrunn 1971

Gerhard Schober, Bilder aus dem Fünf-Seen-Land. Starnberg 1979

Gerhard Schober, Denkmäler in Bayern, Bd. I.21, Landkreis Starnberg. München 1989

Gerhard Schober, Sylvia Schramm, Ernst Brändle u.a. Führer durch Gauting und Umgebung, Gauting 1985

Beate Spiegel u. Wolfgang Pusch, Heimatmuseum Stadt Starnberg (Museumsführer). München 1988

Gisela Zacherl, Eisvogel und Aronstab. Wanderungen im Würmtal zwischen Starnberg und Planegg. Buchendorf 1996

Dank

An dieser Stelle möchte ich mich ganz herzlich bei meiner Kollegin Karin von Seydlitz-Kurzbach für die gute Zusammenarbeit bedanken. Sie hat durch ihre große Erfahrung wie durch ihr Engagement wesentlich zum Gelingen dieses Buches beigetragen. Ein herzlicher Dank gilt ihr wie auch meinen Kolleginnen Gabriele Jüstel und Ingrid Selge für die sorgfältige Korrektur der Druckfahnen. Zu danken ist auch den Archivaren der Gemeinden Gauting und Krailling, dem Heimatmuseum Starnberg, der Archäologischen Staatssammlung, dem Bayerischen Landesamt für Denkmalpflege, der Bayerischen Schlösserverwaltung, Herrn Stefan Mühlemeier, Herrn Paul Heinemann sowie Herrn Dr. Peter Kolb vom Museumspädagogischen Zentrum München für die Überlassung von Bildvorlagen.

Großen Dank schulde ich Herrn Hans-Peter Steininger für die überaus großzügige und engagierte Herstellung der Druckvorlagen.

Ein ganz besonderer Dank gilt nachfolgenden Personen und Institutionen, die durch ihre großzügige finanzielle Unterstützung den Druck des Heimatkundebuches ermöglicht haben:
Gemeinde Gauting
Gemeinde Krailling
Landkreis Starnberg
Franziska-Günther-Stiftung
Stiftung der Kreissparkasse Starnberg
Bayerisches Staatsministerium für Wissenschaft, Forschung und Kunst
Bezirk Oberbayern
Medienstudio Hans-Peter Steininger

Verlagsanschrift:
Oreos Verlag GmbH
Krottenthal 9, 83666 Waakirchen
Telefon 08021/8668, Fax 08021/1750
E-Mail: oreos@t-online.de
Internet: www.oreos.de